도시재생기업, 지역경제 활성화를 이끌다

도시재생 스케일업

도시재생기업, 지역경제 활성화를 이끌다

도시재생 스케일업

—

인쇄 2021년 10월 25일 1판 1쇄　**발행** 2021년 10월 31일 1판 1쇄

지은이 윤병훈 · 김지영 · 이명훈
펴낸이 강찬석
펴낸곳 도서출판 미세움
주소 (07315) 서울시 영등포구 도신로51길 4
전화 02-703-7507
팩스 02-703-7508
등록 제313-2007-000133호
홈페이지 www.misewoom.com

정가 15,000원

—

ISBN 979-11-88602-43-8　03320

도시재생 스케일업

도시재생기업,
지역경제 활성화를 이끌다

윤병훈·김지영·이명훈 공저

도시재생은 지속되어야 한다

'도시재생 스케일업'을 처음 준비하며 항상 머릿속을 떠나지 않았던 생각이 있었다. 400여 개에 육박해 있는 도시재생 현장 그리고 대학, 국책연구원 등 도시재생 분야의 많은 전문가들이 즐비한데, 나의 짧은 경험으로 쏟아내는 말들이 그들에게 실례가 되지 않을까 하는 생각이다. 하지만 평가는 이후에 받더라도 지금까지 내가 도시재생을 경험하며 필요하다고 생각했던 부분에 관한 이야기를 풀어보고자 한다.

나는 학부 시절 계산기를 옆에 두고 구조물의 안정성을 해석하고자 노력했던 '공학도'였다. 원래 도시재생과 전혀 상관없는 분야였지만, 도시 관련 대학원에 진학하며 훌륭한 스승님을 만나 도시재생을 접하게 되었다. 지금 생각해 보면 도시재생을 책으로 배운 시기라고 볼 수 있다. 도시재생의 의미에 대해 고민하고 관련 법·제도가 어떻게 변화해 왔으며, 앞으로 어떤 제도를 마련해야 할지 고민이 많았다.

당시 짧은 경험으로 나는 그것이 도시재생의 전부라고 생각하였다. 하지만 학위 이후 도시재생 현장에서 경험한 도시재생은 온실 속 화초 같이 책으로만 배웠던 도시재생과는 많이 달랐다. 도시재생 현장에서의 경험은 학문적으로 한 단계 성장할 수 있는 자양분이 되었다. 2년여의 기간 동안 도시재생 현장에서 내가 뿌린 명함만 해도 3000여 개에 육박하고, 도시재생지원센터에서 근무하며 처음 개설한 페이스북에 친구로 등록된 인원이 지금 이 순간 4000명을 넘고 있다. 특정 소셜 네트워크를 홍보하는 것은 아니지만 처음 내가 근무했던 센터의 사업을 홍보하기 위해 개설한 페이스북은 어느 순간 관계를 맺고 정보를 얻을 수 있는 대표적인 소통 채널이 되었다.

노시재생 현장에서 근무하는 동안 온라인을 통한 관계 외에도 다양한 분야의 많은 사람들과 관계를 맺고 실제 사업을 함께 추진하기도 하였다. 그래서 지금 나의 명함저장고에는 일부 연예인도 포함되어 있다. 휴대폰에 많은 연락처를 가지고 있다는 것을 자랑하는 것은 아니고, 맺어온 관계를 통해 내가 해 왔던 그리고 앞으로 해 나가야 할 도시재생이 어떤 의미를 가지고 있는지 생각해 보는 계기가 되었다는 점을 강조하고 싶다.

나는 책을 집필하는 지금도 '도시재생은 ○○이다'라고 단정할 자신이 없다. 도시는 주변 지역과의 관계를 통해 성장하고 쇠퇴하는 생명체와 같다. 외부적인 요인으로 인하여 쇠퇴가 발생하면, 쇠퇴가 발생한 원인을 파악하고 그 문제를 해결하여 다시 살려야 한다. 지역의 특성에 맞게 다양한 도시재생이 이루어져야 하고, 그래서 감히 '도시재생은 ○○이다'라고 단정할 수가 없다.

그래도 도시재생 현장을 경험하며 나름대로 세운 원칙이 있다면, 도시재생은 '관계 맺음'이 가장 중요하다는 것이다. 내가 지역주민을 대상으로 도시재생을 이야기할 때 가장 마지막으로 하는 말은 '지피지기 백전백승(知彼知己 百戰百勝: 적을 알고 나를 알면 백 번을 싸워도 이긴다)'을 차용한 '지피지기 백문백해(知彼知己 百問百解)'다. 지역주민을 적으로 인식하는 것이 아니고 다양한 사람과 '관계 맺음' 소위 '네트워킹'을 통해 그 사람이 어떤 것을 잘하는지 알게 된다면, 함께 지역의 문제점을 찾고 역할을 분담하여 문제를 해결할 수 있다는 것을 강조한다.

나는 이것이 도시재생에서 가장 중요한 원칙이라고 생각한다. 그리고 이러한 원칙의 연장선상에서 지금까지 도시재생의 반대급부로 터부시되었던 재개발·재건축과 같은 정비사업도 도시재생의 커다란 틀에 포함되어야 한다고 주장하고 싶다. 다만 소규모 마을관리 중심의 도시재생사업뿐 아니라 정비사업과 대규모 개발사업이 포함된 도시재생사업에서도 '사람'이 배제되지 않아야 한다. 그리고 정비사업 혹은 개발사업을 통해 새롭게 조성된 거점공간이 과거와 같이 거주민이나 특정 계층이 점유하는 공간이 아니고, 지역주민이 자유롭게 활용할 수 있는 공간이 된다면 두말할 나위 없이 좋을 것이다.

그렇다면 나를 포함한 지역주민에게 공간이 주어졌을 때 효율적으로 활용할 수 있는 준비가 되어 있을까? 그리고 공간이 아니더라도 공공의 예산으로 추진되었던 사업이 앞으로도 계속 진행될까? 전국의 많은 지자체에서 적극적으로 추진하고 있는 도시재생사업은 기본적으로 마중물 사업임을 간과하지 말아야 한다. 공공의 예산이 투입되는 동안 이루어지는 많은 사업은 예산지원 이후에도 지속가능성을 담보할 수 있도록 시행착오 뒤 수정, 보완이 이루어져야 한다. 하지만 지금의 도시재생 현장이 그러한지에 대해서는 걱정과 더불어 의구심을 지울 수 없다. 이는 도시재생 현장의 문제이기보다는 제도상의 문제로 볼 수도 있다.

그래도 이제는 상황을 탓하지 말고 새로운 도시재생 그리고 도시재생 스케일업을 위해 고민해야 할 시기가 되었다. 2014년 시작된 도시재생 선도사업의 마중물 사업이 완료되는 것을 시작으로 이제 400여 개에 육박한 국비지원 도시재생사업이 순차적으로 마무리되는 시점이 다가오고 있다. 많은 도시재생 현장에서 추진하였던 사업들이 앞으로도 이어질 수 있게 '도시재생 비즈니스 모델' 개발이 필요한 시점이다.

앞서 이야기하였듯 나는 지금까지 책으로 법·제도 중심의 도시재생을 배워온 연구자였기 때문에 '도시재생 비즈니

스 모델'을 이야기하는 것은 전문가들에게 실례라고 생각한
다. 그래서 '지피지기 백문백해'의 원칙 아래 '비즈니스 모
델'을 도시재생의 용어로 이야기해 줄 수 있는 전문가와 함
께 의기투합하여 이야기를 풀어가려고 한다. 함께 고민하고
다양한 아이디어를 제시해 준 전문가 역시 도시재생 현장에
서 근무하며 맺은 소중한 인연이다. 도시를 공부했고 지금도
하고 있는 연구자, 창업과 사회적경제 분야에서 많은 조직과
인재를 양성한 전문가, 도시재생 현장에서 많은 동료와 고뇌
하며 방법을 찾아가고 있는 실무자가 함께 도시재생을 사랑
하기에 앞으로도 이어질 수 있도록 우리의 경험을 이야기하
고자 한다. 그리고 이러한 우리의 이야기가 도시재생 현장에
서 조금이나마 도움이 될 수 있기를 간절히 희망한다.

미숙한 기획과 제안에도 불구하고 바쁜 시간 흔쾌히 시간
을 내어 소중한 원고를 집필한 김지영 대표님, 이명훈 팀장
님이 있어 외롭지 않고 즐거운 시간이었다. 나 역시 이번 작
업을 통해 부족한 부분을 채울 수 있었다. 그리고 책 발간을
위해 많은 도움을 준 미세움 강찬석 대표님, 임혜정 편집장
님, 관계자들께도 감사드린다.

2021년 9월
대표저자 윤병훈

차례

도시재생의 이해

도시재생경제조직의 사업화
(지역공동체조직의 사업화)

PART
3

도시재생기업이란 무엇인가?

제 **1** 편

도시재생의 이해

전국 곳곳에서 도시재생이 이루어지고 있어요.
그런데 도시재생은 하늘에서 뚝 떨어진 걸까요?
아니면 도시가 성장하고 쇠퇴하며 자연스럽게 발생한 걸까요?
그리고 도시재생을 하면 무엇이 좋아질까요?

도시재생을 알아보자

주변 지역과의 연계를 통해 성장하고 쇠퇴하는 생명체

도시는 혼자 살아갈 수 없다

도시는 혼자 살아갈 수 없다. 도시는 동떨어져서 독립적으로 존재하기보다는, 오랜 시간 주변 지역과 관계를 맺으며 성장하고 쇠퇴하는 생명체와 같다. 그리고 도시성장과 도시쇠퇴는 장기간 긍정적 혹은 부정적 영향요인 간의 상호작용을 통해 나타나므로 이분법적으로 접근하는 것은 적합하지 않다. 만약 긍정적인 영향보다 부정적인 영향이 크다면 쇠퇴가 발생하고, 반대의 경우에는 성장이 나타난다. 즉, 도시성장과 도시쇠퇴는 다양한 영향요인을 통해 외부적으로 표현되는 모습으로서, 도시성장의 틀 속에서 하나의 개념으로 볼 수 있다.

그렇다면 도시성장에 긍정적인 영향을 미치는 요인은 무엇일까? 그것은 인구·사회, 경제·산업, 물리환경 측면에서 볼 수 있다.

인구·사회 측면에서 가장 대표적인 요인은 인구규모의 양적 확대다. 많은 도시성장 관련 이론에서 도시성장 여부를 가늠하는 가장 중요한 지표로 '인구규모의 양적 확대'를 꼽고 있다. 인구가 증가하면 세입이 증대하고 경제활동이 활성화될 수 있는 등 다양한 측면에서 도시성장에 영향을 주기 때문이다.

교육환경의 질과 규모도 인구·사회적 측면의 도시성장을 견인할 수 있다. 교육환경이 개선되면 많은 사람들이 충분한 고급교육을 받을 수 있는 기반이 마련될 수 있기 때문에 확대된 고학력인구는 도시의 양적·질적 성장을 견인하는 역할을 할 수 있다.

지역자산은 지역특성Regional Characteristics, 역사·문화환경Historic Cultural Environment, 장소성Placeness, 사회자본Social Capital, 장소자산Regional Asset 등의 다양한 의미를 포함하는 것으로, 지역자산을 보유하고 있으면 특색 있는 도시성장이 가능하다. 예를 들어, 경북 경주와 충남 공주 등에서 보유하고 있는 역사·문화 자원을 통해, 해당 도시는 과거부터 관광산업 중심의 역사·문화 도시로 성장하였다.

경제·산업 측면의 도시성장에는 지역의 기반산업이 중요한 영향을 미친다. 대표적으로 울산시의 현대중공업, 포

항시의 포스코 등의 기반산업은 각각 해당 도시의 산업·경제에서 가장 중요한 부분을 차지하고, 지역의 경제·산업 성장에 큰 영향을 미치고 있다.

물리환경 측면에서 대표적인 요인은 국토계획과 정치적 상황 변화를 꼽을 수 있다. 우리나라는 국가주도의 경제개발 5개년 계획, 국토종합계획, 수도권정비계획, 광역개발계획 등을 통해, 다른 나라와 비교힐 수 없을 정도로 국토 전반에 걸친 급속한 도시성장이 이루어졌다. 또한 참여정부(2003-08)에서 추진하였던 '신행정수도건설'은 국토의 균형발전을 위해 추진되었지만, 실용정부(2008-13)에서는 정치적 상황이 변화하면서 아쉽게 '행정중심복합건설'로 축소 진행되며 한정적인 기능을 가질 수밖에 없었다. 이와 같이 '국토계획과 정치적 상황 변화'는 도시성장에 큰 영향을 미치고 있다.

'국가·지역의 중심기능 이전'은 교통망 발달에 따른 도시의 공간구조 변화와 관련된다. 과거에는 구도심 중심의 단핵구조 도시가 대부분이었다면, 최근에는 교통망 발달에 따른 외연적 확산을 통해 다핵구조의 도시로 변화하였다. 또한 공공기관이 이전하면서 도시의 중심기능이 강화될 수 있다. 경사도·지형 등의 자연환경도 도시성장에 중요한 영향을 미치는데, 전남 목포의 경우 부족한 도시공간을 확보하기 위해 공유수면을 매립하여 목포지방공단과 삼학도 대규모 주택단지를 조성하였다. 서울시에서도 증가하는 도시인구를 수용하기 위하여 한강을 매립하여 대규모 저층 아파트

(잠실주공아파트)를 공급하였다.

　도시성장에 부정적인 영향을 미치는 요인도 긍정적인 영향요인과 유사하게 인구·사회, 경제·산업, 물리환경 측면으로 분류할 수 있다.

　인구·사회 측면에서 인구감소와 함께 고령화문제는 노동력 감소·내수시장 감소·일자리 감소 등으로 이어져 경제발전에 악영향을 미칠 수 있다. 이를 해결하기 위해 출산장려 정책이 추진되고 있지만, 노인인구 증가와 함께 가임여성인구도 감소하는 추세이므로 인구 측면의 쇠퇴는 지속될 것으로 예상된다.

　경제·산업 측면에서 우리나라의 경제구조 변화의 가장 큰 특징은 제조업의 고용비중이 감소하는 고용 측면의 탈공업화 현상이 두드러지게 나타난 것이다. 제조업이 쇠퇴하면서 상대적으로 3차산업에 해당하는 서비스업으로의 전환이 이루어졌다. 그러나 서비스업으로의 전환은 고용의 안정성을 보장할 수 없기 때문에 고용의 질이 악화되었고, 고용의 질 악화는 경기 전반의 침체를 야기할 수 있다. 특히 최근 코로나19 확산에 따른 상권의 몰락은 이를 반증한다.

　지역기반산업은 해당 지역에 특화되어 지역의 경제발전을 견인하는 데 중요한 역할을 수행한 산업이다. 그러나 사회·경제적 여건이 변화하며 지역기반산업의 경쟁력이 약화되어 다른 지역으로 이전하게 되면 지역 내 실업자가 발생한다. 이들이 새로운 직장을 찾아 다른 지역으로 이동하면서 인구가 감소하게 되면 기존의 주택, 학교, 공공시설 등이 제대로 활용되지 못하고 방치될 수 있다. 예를 들어, 미국의 디트로이트는 대표적인 철강 중심의 산업도시였지만, 지역기반산업의 경쟁력이 약화되며 쇠퇴 도시로 전락하였다.

그리고 공공의 재정 부담능력 저하는 생산인구 감소에 따른 세입 감소와 밀접하게 관련된다. 즉, 생산가능인구가 감소하면 세금을 낼 수 있는 인구가 줄어들기 때문에 공공의 입장에서 도시관리를 위해 부담해야 할 예산이 줄어들게 되고, 이는 미흡한 도시관리로 이어져 도시쇠퇴를 가속화시킬 수 있다.

물리환경 측면에서 공공계획과 규제에 의해 도시쇠퇴가 심화될 수 있다. 정비사업구역으로 지정되었지만, 장기간의 경기침체로 인하여 개발이 지연되는 경우에 주택의 자율갱신이 어렵다. 따라서 노후화된 주택이 그대로 방치되면 깨진 유리창 이론Broken Windows Theory과 같이 주변 지역에 부정적 영향을 미쳐 도시쇠퇴가 가속화될 수 있다. 보전지구 또는 개발제한지역과 같은 규제 역시 도시성장에 부정적으로 영향을 미칠 수 있다. 또한 도시쇠퇴를 가장 잘 보여줄 수 있는 것은 건축물, 기반시설 등의 물리환경 노후화 문제다. 건축물, 기반시설 등은 지속적인 유지관리가 필요하지만, 앞에서 언급한 바와 같이 공공의 입장에서 생산가능인구가 감소하면서 세수가 줄어들면 그만큼 관리비용을 충당하기 어렵게 된다. 그리고 다양한 규제 등을 통해 민간부문의 관리에도 제약이 생긴다면 물리환경의 노후화 문제는 해결되지 않고 심화될 수밖에 없다.

도시성장과 도시쇠퇴는 긍정적 · 부정적 영향요인 간 상호작용을 통해 발생하기 때문에 이분법적 접근은 적합하지 않다. 따라서 통합의 관점에서 도시성장 영향요인을 다시 정리해 볼 필요가 있다.

우리나라의 도시성장 특성을 반영할 수 있는 대표적 도시성장 영향요인을 인구 · 사회 측면의 지역자산의 개발과 보전, 경제 · 산업 측면의 지역기반산업의 성장과 쇠퇴, 도시관

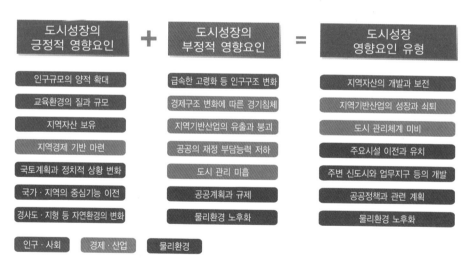

도시성장 영향요인 유형구분

자료 : 윤병훈(2017), 도시성장 영향요인을 고려한 도시성장단계 평가기법 개발, 서울시립대학교 박사학위논문, 재인용.
남진 · 윤병훈(2017), 도시성장단계별 도시개발 패러다임 변화 및 효과분석, 도시재생실증 연구단(3차년도), 재인용.

리체계 미비, 물리환경 측면의 주요시설의 이전과 유치, 주변 신도시와 업무지구 등의 개발, 공공정책과 관련 계획, 물리환경 노후화 등으로 구분할 수 있다.

먼저 인구·사회 측면에서 지역자산의 개발과 보전을 통해 특색 있는 도시로 성장할 수 있다. 지역자산은 도시의 장소성·고유성·역사성과 관련된 개념으로서, 많은 도시에서 해당 지역의 지역자산을 활용하여 차별적인 도시로의 변화를 꾀하고 있다. 예를 들어, 서울시 성동구 성수동의 경우에는 수제화산업이 경제·산업 측면의 지역자산에 해당되는데, 수제화산업과 연계하여 도시를 활성화시킬 수 있는 다양한 사업이 진행되고 있다. 종로구 창신·숭인동에서는 경제·산업 측면의 봉제산업, 역사·문화 측면의 서울성곽 등을 유지 보전하여 도시를 활성화시키기 위한 다양한 노력이 이루어지고 있다.

사회·경제적 여건 변화에 따른 도시 내 지역기반산업의 성장과 쇠퇴는 경제·산업 측면의 도시성장에 중요한 영향을 미친다. 도시 내 경제·산업을 견인하는 지역기반산업이 성장하면, 해당 산업에 종사하기 위해 사람들이 이주하면서 생산가능인구가 증가하게 된다. 생산가능인구 증가는 세수입의 확대로 이어지고, 세수입의 확대는 도시 관리비용의 증대로 이어진다. 즉, 세수입 확대를 통해 충분한 도시 관리비용이 마련되면, 도시를 쾌적하게 유지관리할 수 있기 때문에 도시 전체의 활력이 확대될 수 있다. 그러나 지역기반산업이 쇠퇴하면 반대로 도시 관리 측면의 문제점이 발생할 수 있다. 결정적으로 지역기반산업의 성장과 쇠퇴는 도시 관리와도 밀접한 관련이 있다.

물리환경 측면에서 주요시설(공공기관 등)의 이전에 따라 도시가 성장·쇠퇴할 수 있다. 시설을 받는 도시에서는 시설이 이전하면서 다양한 편의시설과 기반시설을 확보할 수 있기 때문에 도시성장의 기반을 마련할 수 있다. 예를 들어, 서울시에서 상대적으로 발전되지 않았던 송파구 문정동에 동부지검과 관련 시설이 이전하면서 주변 지역에 많은 주택과 오피스 등이 개발되었다. 그리고 세종시도 공공기관 이전에 따라 성장한 대표적인 도시다. 그러나 반대급부로 시설을 주는 도시에서는 시설이 이전하면서 도시성장이 정체하거나 도시쇠퇴가 발생하기도 한다. 예를 들어, 다양한 정부기관이 입지했던 과천시는 세종시와 반대로 공공기관을 뺏긴 입장이다. 과천시에서는 공공기관이 세종시로 이전하면서 인구감소를 겪고 있다.

주변의 신도시와 업무지구가 개발되며 기성시가지의 도시성장이 정체될 수 있다. 도시 내 증가한 인구를 수용하기 위해 주변 지역의 교통망을 확충하고 신도시를 조성하면, 기성시가지에서 신도시로 인구가 이동하면서 기성시가지는 쇠퇴할 수 있다. 예를 들어, 한국토지주택공사 등 다양한 공공기관이 입주한 진주혁신도시로 기성시가지로부터 많은 인구가 유입되고 있는데, 이로 인해 진주혁신도시는 성장하지만 기성시가지는 점점 쇠퇴하는 이분법적인 양상이 나타나고 있다. 즉, 신시가지 조성과 업무단지 개발과 같은 도시성장 측면의 호재도 도시 내 지역의 입장에 따라 긍정적·부정적일 수 있기 때문에 도시성장과 도시쇠퇴의 이분법적 접근은 지양되어야 한다.

과도한 공공정책과 관련 계획 등은 도시성장에 부정적인 영향을 미칠 수 있다. 경기침체에 따라 성비사업이 징기화되면서 도심지역의 쇠퇴가 심화되거나, 과도한 역사문화보전지구 지정 등은 도시성장에 악영향을 미칠 수 있다. 예를 들어, 송파구 풍납동에서는 풍납토성을 보전하기 위해 풍납동 일부 지역을 문화재보호구역으로 지정하면서 이전에 공급된 노후화된 주택 신규개발을 억제하고 있기 때문에 해당 지역의 쇠퇴가 심화되고 있다.

노후화된 물리환경은 도시가 쇠퇴하는 모습을 외향적으로 나타내는 대표적인 요인이다. 물리환경 노후화는 도시관리체계 미비, 과도한 공공정책과 규제 등과 같은 다양한 요인에 의해 심화될 수 있고, 노후한 물리환경을 방치하면 깨진 유리창 이론과 같이 다양한 사회문제를 야기할 수 있다.

서울시의 도시성장 이야기

서울은 어떻게 지금의 모습을 갖추었을까?

서울은 우리나라의 대표적인 도시이자 행정·정치적 중심지로서, 다양하고 복잡한 요인에 의해 성장하고 쇠퇴하고 있다. 서울이 어떻게 지금의 모습을 갖추게 되었는지, 앞서 이야기한 도시성장 영향요인과 연계해 보면 쉽게 도시성장을 이해할 수 있을 것이다.

1950-60년대 사회·경제적 여건과 도시성장*

1950년 발발한 한국전쟁에 의해 폐허가 된 서울은 1953년 휴전 이후 전재(戰災)복구 사업이 본격적으로 시작되었다. 전쟁 동안 약 5만 5000여 동의 주택이 파손되어 주택난이 심각하였는데, 빠른 재건복구를 희망하는 의미에서 외국의 원조를 받아 부흥주택·재건주택·국민주택 등의 공영주택이 건설되었다.** 당시 서울시에는 전국에서 사람들이 몰려들면서 인구가 급증하였는데, 한국전쟁 이전 약 170만 명이었던 서울인구가 전쟁 동안 약 65만 명으로 감소하였다. 전재복구가 본격화된 1954년 120만 명으로 증가하였고, 1960년 약 240만

---

*   서울역사박물관(2013), 600년 서울을 담다, 서울역사박물관, 서울, 226-257쪽, 재구성
**   전재복구 기간 동안 1960년까지 서울시에 건설된 공영주택은 1만 3796동으로 ICA주택 5992동(43.4%), 국민주택 1441동(10.5%), 부흥주택 1372동(9.4%), 수재민주택 1278동(9.3%), 재건주택 750동(5.4%), 난민주택 601동(4.4%), 희망주택 574동(4.2%), 기타 주택 1788동(13.0%) 등이다.

1950-60년대 공영주택

자료 : 국가기록원

명까지 증가하였다. 1960년대 이후 도시화 · 산업화가 본격
화되면서 더욱 많은 사람들이 서울로 몰려들었는데, 당시에
는 교육 혹은 직장문제로 상경하기보다는 서울에 대한 막연
한 동경으로 무작정 상경하는 경우가 많았다. 이와 같은 이
유로 서울의 인구는 예측할 수 없을 만큼 빠른 속도로 증가
하였고, 증가하는 인구를 감당할 만한 일자리, 주택, 생활기
반시설 등은 턱없이 부족하였다.

　이러한 상황은 당시 교통혼잡과 만원버스를 통해서 확인
할 수 있다. 서울로 인구가 집중하면서 도심지역의 주택가격
은 급증하였는데, 경제적 상황이 열악한 중소득층과 저소득
층은 더 이상 도심지역에 거주할 여건이 되지 않아 주변 지
역으로 이동하면서 거주지가 교외로 확산되있다. 이로 인해
장거리를 출퇴근하는 직장인과 통학생이 늘어나면서 교외에

서 도심으로 이동하는 버스는 통근·통학시간에 항상 만원이었고 도로는 많은 차량으로 인하여 심각한 교통혼잡이 발생하였다. 만성적인 교통혼잡은 도심과 외곽을 연결하는 간선도로, 외곽과 외곽을 연결하는 순환도로가 개통되고 지하철이 대중화될 때까지 지속되었다.

서울의 과밀집중 현상은 다양한 사회적 문제를 발생시켰는데, 앞에서 언급한 교통혼잡 외에도 식수난, 주택부족으로 인한 무허가 판자촌의 난립 등을 꼽을 수 있다. 이러한 서울의 과밀집중 현상을 해결하기 위해 서울시에서는 다양한 도시정책을 통해 도시를 정비하고자 하였다.

1950년 한국전쟁 이후 전재복구 사업은 1960년대에 진입하면서 도시개발사업으로 이어졌다. 당시에는 도시미관 개선 외에도 인구에 비해 턱없이 부족한 주택을 공급하기 위하여 판자촌을 아파트 단지로 조성하고 도시 내 슬럼slum 지역의 현대화·고도화를 추진하였다. 그리고 교통혼잡을 완화시키기 위하여 도심과 외곽을 연결하는 간선도로, 외곽과 외곽을 연결하는 순환도로, 육교, 지하도, 터널을 건설하였다. 당시에는 한강과 여의도 개발이 본격적으로 시작되었는데, 이는 강북중심의 단핵구조에서 강남 등의 다핵구조로 공간구조 개편이 일어났음을 의미한다.

1960-70년대에는 주택이 부족하여 무허가 판자촌이 무분별하게 난립하였다. 이를 해결하기 위해 1962년 〈도시계획법〉에 불량지구 개량사업을 도입하여 불량주거지의 강제철

서대문구 금화아파트 전경

자료 : 서울사진아카이브(http://photoarchives.seoul.go.kr/)

거와 이주정책이 실시되었다. 불량주거지 강제철거와 이주
정책은 판잣집과 같은 무허가 불량주택을 철거하여 거주민
을 새로운 정착지로 이주시키는 방법으로 소규모 정착지 조
성과 대규모 정착지 조성으로 구분된다. 1960년대 후반 서
울의 외곽지역에 소규모 철거민촌이 조성되었고, 대규모 정
착지는 광주대단지(현재 성남시)와 같이 서울 주변에 대단위
로 조성되었다. 철거민 정착 조성 외에 불량지구 정비를 위
해 불량주거지에 서민 아파트가 건설되기도 하였는데, 1968
년 금화아파트를 시작으로 다수의 시민아파트가 건설되었
다. 그러나 강제철거와 이주는 철거지에 거주하고 있던 주
민의 경제적 여건을 고려하지 않았기 때문에 '철거 → 불량
지구 조성 → 철거'의 악순환이 초래되어 오히려 무허가 주

1971년 소공지구

자료 : 서울사진아카이브(http://photoarchives.seoul.go.kr/)

택지가 확산되는 결과를 낳았다.

　낡고 무질서한 건물이 밀집되면서 슬럼화된 서울의 도심 지역을 개선해야 했다. 슬럼 지역을 철거하여 현대식 고층 건물과 넓은 도로를 건설하고, 주차장과 공원 등을 조성하는 등의 도심지역 현대화·고도화를 추진하는 도심재개발이 이루어졌다. 1966년 〈도시계획법〉의 개정을 통해 재개발지구 지정 근거가 마련되면서, 1966년 세운상가지구를 최초의 재개발지구로 지정하여 도심재개발이 시작되었다. 재개발정책이 본격적인 제도적 기반을 갖추게 된 것은 1971년 개정된 〈도시계획법〉으로서, 당시 재개발사업이 도시계획사업에 포함되며 소공지구 재개발사업이 시작되었다.

　1960-70년대 도로혼잡을 해결하기 위해 도로정비와 확충이 본격적으로 진행되었다. 도심과 외곽을 연결하는 방사선 도로, 외곽과 외곽을 연결하는 순환도로가 개설되었고, 도심지역의 세종로·태평로 등 주요 간선도로가 확장되었다. 또한 도심의 교통체증을 완화하기 위하여 고가도로, 고가차도, 입체교차로 등의 입체적 도로시설물이 처음으로 등장하였다.* 그리고 터널, 지하차도, 지하보도, 육교 등이 건설되었는데, 1967년 사직터널을 시작으로 1970년 삼청터널과 남산 1·2호 터널이 개통되었다.

---

*　1966년 서소문 고가차도의 준공을 시작으로, 고가차도 19개소 6649m, 아현·청계 등 고가도로 4개소 4696m, 삼각지 등 입체교차로 8개소 6689m 등 1970년까지 다수의 입체 도로시설물이 건설되었다.

서소문 고가차도

청계고가도로

아현고가도로

고가도로, 고가차도, 입체교차로 건설

자료 : 서울사진아카이브(http://photoarchives.seoul.go.kr/)

1960년대 서울의 폭발적인 인구증가는 도심하천의 오염과 연관이 깊은데, 하천변 무허가 판잣집들로부터 나온 각종 오폐수와 생활하수 등이 도심하천을 오염시켰다. 이러한 문제점을 해결하기 위하여 하천복개사업이 추진되었고, 복개된 하천부지는 도로, 주차장, 상가, 공공건물의 용지로 사용되었다. 1960년대 서울의 인구집중에 따른 도심지역 과밀 문제를 해소하고 교통혼잡을 완화하기 위하여 공유수면 매립과 강변택지 조성사업을 통해 본격적인 한강개발이 이루어졌다.* 당시 한강을 따라 강변도로를 건설하여 도심의 교통난이 완화되었고, 도심 외곽지역의 택지조성과 아파트 건설을 통해 도심의 인구분산이 이루어졌다.

　　1960년대 한강변 개발의 대표적인 사례로 볼 수 있는 것은 여의도 개발이다.** 여의도는 1960년대 중반까지만 해도 대부분 모래벌판이었지만, 1967년부터 본격적인 개발에 착수하였다. 1968년 수립된 '여의도 개발계획'에서는 약 660만㎡ 규모의 모래벌판에 제방을 축조하여 약 287만㎡의 인공섬을 만들고, 도심에서 영등포, 인천까지 이어지는 6차선 도로를 계획하였지만 막대한 예산이 소요되어 현실화되지는 못하였다. 여의도 개발과 함께 마포대교와 여의교가 건설되었는데,

---

*　공유수면 매립사업은 1962년 동부이촌동·서빙고동 지구를 시작으로, 1971년까지 반포·압구정·구의·잠실지구 등 총 19개소에서 시행되었고, 약 396만㎡의 택지가 조성되었다.

**　최근희(1996), 서울의 도시개발정책과 공간구조, 서울학연구소, 서울, 159-161쪽, 재구성

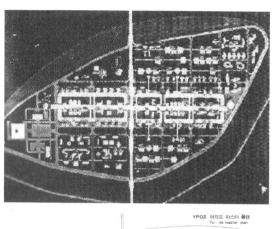

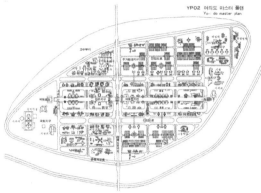

1968년 여의도 종합개발계획과 전경

자료 : http://jisungcnd.com/ab-1567-34&search_value=&PB_1375427514=1&OTSKIN=layout_ptr.php
http://www.aurum.re.kr/City/CityDoc.aspx?cityPlanNum=17#.WEetBOaLTcs, 서울시편찬위원회

이를 통해 서울시 중심부와 연결망이 구축되어 마포와 여의도의 공간활용이 극대화되었다.

1960년대는 도시성장에 영향을 미치는 다양한 요인 중에서 '공공정책 관련 계획', '주변 신도시와 업무지구 등의 개발'이 중요한 영향을 미쳤다. 서울시에 집중하는 인구를 수용하기 위해 다양한 개발계획이 수립되었고, 서울시 외곽지역에 판잣집 철거민 이주를 위한 대규모 정착지인 광주대단지가 조성되었다.

1970년대 사회 · 경제적 여건과 도시성장*

1960년대 이후 서울은 산업화와 도시화를 통해 급속하게 성장하여 경제 · 산업 측면에서 엄청난 발전이 이루어졌지만, 반드시 긍정적인 효과만 있는 것은 아니었다. 1960년대 무작정 서울로 상경한 사람들은 대부분 특별한 기술이 없었기 때문에 저임금의 단순 육체노동으로 생계를 유지하였고, 특히 여성은 작업환경이 열악하고 임금이 낮은 공장에서 근무하는 경우가 많았다. 1960년대 경제적 능력이 열악한 사람들이 모여 있던 서울 도심이나 변두리 고지대에 조성된 달동네는 일명 도시빈민들의 집단거주지로서, 상하수도, 위생 등 기반시설이 부족하여 생활환경이 매우 열악하였다. 하지만 이와 반대로 영동지역을 중심으로 강남개발이 본격화되어 강남북 발전의 불균형이 시작되었다. 그리고 1970년대부터 서울시 도심지역에서 주변 지역으로의 교외화가 발생하기 시작하였다.

1960년 이후 서울시 인구는 지속적으로 증가하여 1970년 540만 명에서 1980년 840만 명으로 10년 동안 300만 명이 증가하는 등 급증세를 유지하였다. 당시 서울시에서는 증가한 인구를 분산시키기 위해 강남개발에 본격 착수하였다. 1963년 서울시에 편입되었으나 아직 개발이 이루어지지 못한 영동지역은 1968년 경부고속도로가 개통되면서 본격적으로 개발되기 시작하였다.

강북은 개발을 억제하는 대신, 강북의 명문학교(휘문고, 경기고, 숙명여중고, 서울고 등)를 강남지역으로 이전시키는 등의 다양한 혜택을 통해 강남지역의 개발을 촉진하였다. 서울시청 인접지역의 백화점, 도매시장, 주유소 설치 등을 제한하고, 도심지역 재개발지구에는 건물의 신개축과 택지개발을 금지하였다. 이러한 강남개발 촉진은 결국 강북 중산층을 중심으로 한 강남지역으로의 이주로 이어졌다. 1972년에는 민간주택건설을 활성화시키기 위하여 〈주택건설촉진법〉*과 1978년 서울 강남지역 개발에 민간부문의 참여를 유도하기 위하여 〈특정지구개발촉진에 대한 임시조치법〉이 제정되면

---

* 〈주택건설촉진법〉은 주택이 없는 국민의 주거생활안정을 도모하고 모든 국민의 주거 수준의 향상을 기하기 위하여 주택의 건설·공급과 이를 위한 자금의 조달·운용 등에 관하여 필요한 사항을 규정할 목적으로 입법·제정, 공포되었다(국가기록원).

영동지구 공사현장과 종합개발기본계획

자료 : 서울사진아카이브, 건축도시공간연구소 건축도시정책정보센터(www.aurum.re.kr)

서 영동지역을 중심으로 대규모 민간아파트 개발 공급이 본격화되었다. 강남개발을 둘러싼 다양한 갈등과 이권 세력의 등장 등은 '강남1970'에서 흥미롭게 확인할 수 있다.

1970년대에는 영동지구 외에 잠실지구도 토지구획정리사업을 통해 영동지구 개발과 유사한 목적으로 시행되었고, 구체적인 이유는 다음과 같다(최근희, 1996).* 첫째, 서울에서 강제 철거되어 이주해 광주대단지에 거주하던 주민들이 지닌 불만을 무마시키기 위해 강북 시가지와의 연계성linkage을

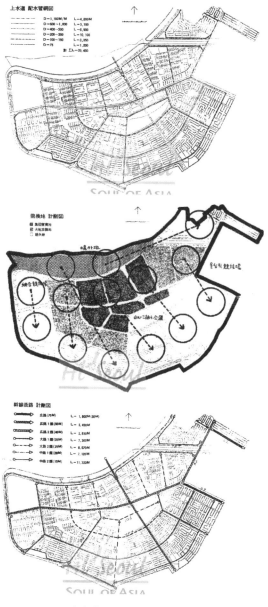

잠실지구 종합개발기본계획

자료 : 건축도시공간연구소 건축도시정책정보센터(www.aurum.re.kr)

증가시킬 수 있도록 교량(잠실대교)과 도로(잠실대로)를 건설한다. 둘째, 강북지역에 집중되어 있던 인구를 강남지역으로 분산되도록 유도하여 강남과 강북의 균형 있는 발전을 추구한다. 셋째, 영동지구와 함께 잠실지구를 거대한 공동주택 중심의 주택단지로 건설하여, 강북 도심지역에 집중된 각종 도시기능의 일부를 영동지구와 잠실지구로 분산시킨다.

1970년대에는 재개발 정책이 본격적인 제도적 기반을 갖추게 되었다. 일본의 입체환지 개념을 도입하여 1976년 최초로 〈도시재개발법〉이 제정되었고, 이를 바탕으로 서울시는 적극적으로 도심재개발 정책을 추진하였다. 1978년에는 서울시 최초의 '도심재개발 기본계획'이 수립되었고, 도시재개발의 활발한 추진을 위한 도시재개발 기금이 설치되었다. 또한 1979년에는 '도심재개발 기본계획'을 개정하여 마포지역을 포함시켰고, 강북지역과 반대로 도심과밀개발을 억제하기 위하여 층수와 밀도제한은 더욱 강화되었다(서울시, 2001).**

다만 1960년대에는 불량주택과 불량주택 밀집지역 개량을 위한 정책이 법적 근거가 제대로 마련되지 않은 상태에서 시행되어 계획적이고 실효성 있는 추진이 어려웠다. 따라서 1970년대에는 기존의 문제점을 개선하기 위해 주거지 정비와 관련된 법이 개정되거나 새롭게 제정되었다. 1973년 주

---

*   최근희(1996), 앞의 책, 169-171쪽, 재구성
**   서울특별시(2001), 서울 도심재개발 기본계획, 서울, 7쪽, 재구성

민들이 자력으로 주택을 개량할 수 있도록 〈주택개량촉진에 관한 임시조치법〉이 제정되었고, 이 법을 통해 서울시에서는 국공유지를 활용하여 공공시설을 설치하고 주민들이 주택을 자력으로 개량하는 것이 가능해졌다. 또한 주택개량에 필요한 자금을 확보하기 위해 1975년과 1976년에 AID 차관이 이루어졌다.

1970년대는 1960년대와 유사하게 '공공정책과 관련 계획'이 도시성장에 가장 큰 영향을 미쳤고, '주요시설의 이전과 유치', '물리환경 노후화', '주변 신도시와 업무지구 등의 개발' 등도 도시성장과 밀접한 관련이 있다. 1970년대에는 강북개발을 억제하면서 강남개발을 촉진시키기 위하여 학교 · 공공기관 등의 주요시설을 강남으로 이전시켰고, 영동지구 · 잠실지구 등의 개발이 본격화되었다. 그리고 노후화된 물리환경 개선을 위해 〈주택개량촉진에 관한 임시조치법〉 등의 다양한 제도적 기반이 마련되었다.

1980년대 사회 · 경제적 여건과 도시성장*

1980년대에는 신군부의 권위주의 통치에 대항하여 치열한 민주화 운동이 이루어졌기 때문에 사회 전반적으로 갈등양상이 팽배하였다. 그러나 경제는 지속적으로 성장하였는데, 이는 1980년대 후반 3저(저달러, 저유가, 저금리) 호황과 아시

* 서울역사박물관(2013), 앞의 책, 270–279쪽, 재구성

안게임(1986년) · 서울올림픽(1988년) 개최 등으로 이어졌다.

1980년대에는 경제 · 산업 성장을 통해 소득수준이 향상되면서 대중소비문화가 등장하였다. 또한 야간통금 해제, 교복자율화, 해외여행 자유화 등 개방화 · 자율화의 물결이 확산되었는데, 이는 치열한 민주화 운동을 통한 효과로 볼 수 있다.

1980년대에는 '세계는 서울로, 서울은 세계로'의 모토로 88서울올림픽 시기에 맞춰서 다양한 도시개발사업이 이루어졌다. 잠실지역에는 올림픽 시기를 겨냥하여 다양한 올림픽 관련 시설들이 조성되었고, 강북 도심지역은 도심재개발을 통해 고층 오피스타운으로 바뀌었다. 또한 택지개발사업을 통해 상계지구, 목동지구, 가락지구, 개포지구 등의 도시 내 신도시가 조성되었고, 불량주거지 재개발을 통해 기존의 달동네는 아파트 단지로 변모하였다. 이와 같은 다양한 도시개발사업은 서울시를 지속적으로 성장시키는 데 기여하였지만, 본격적으로 불거진 강남북 불균형 문제는 막을 수 없었다.

도심재개발사업은 토지이용을 고도화하고 도시미관을 개선하기 위해 1973년부터 추진되었지만 1980년대 초까지 뚜렷한 성과는 없었다. 1980년대 중후반부터 3저 호황에 힘입어 경제호황기에 접어들면서, 도심지역의 업무시설에 대한 수요가 늘고 건축규제 완화와 같은 다양한 유도책이 마련되면서 도심재개발이 활발하게 시행되었다.

그리고 1970년대부터 문제로 인식되어 재개발이 추진되었지만 성과가 미진한 달동네는 1983년 〈도시재개발법 시행령〉을 개정하여 도입된 합동재개발방식*을 통해 고층 아파트 단지로 변화하였다. 합동재개발사업으로 불량주거지의 효율적 정비 효과를 얻을 수 있었지만, 정비사업이 민간주도의 사업성 위주로 추진되어 영세세입자와 가옥주 간 갈등이 심화되고, 원주민이 재정착하지 못하는 문제가 나타났으며, 경관의 훼손과 주변과의 부조화, 부동산 투기 등의 문제가 발생하였다.

1980년대에도 계속적으로 증가하는 인구를 수용하기 위해 1980년 〈택지개발촉진법〉을 기반으로 도시 내 신도시를 조성하는 택지개발사업이 시행되었다. 1960–70년대의 택지개발사업은 구획정리방법을 통해 이루어졌다면, 1980년부터는 대한주택공사와 한국토지개발공사 등의 공공기관이 주도하는 공영개발방식으로 전환되었다. 당시 택지개발사업으로 조성된 지역은 동북권 상계·노원지구, 서남권 목동지구, 동남권 개포·수서·고덕지구 등이다.

상계·노원지구는 대규모 택지개발사업을 통해 강북지역

---

* 합동재개발사업방식은 재개발대상지구의 주민이 사업의 시행주체가 되어 건설업체를 선정하고, 불량주택을 철거하고 공동주택(아파트)을 건설하는 방식이다. 그러나 도시빈민의 대부분을 차지하고 있는 세입자들의 경제적 능력을 고려치 않고, 중대형 규모의 공동주택 위주로 분양하여 저소득층 주민의 생활근거지를 파괴하는 부정적 효과가 발생하였다. 이를 보완하기 위해 1989년에 〈도시저소득층을 위한 주거환경개선을 위한 임시조치법〉이 제정되었다.

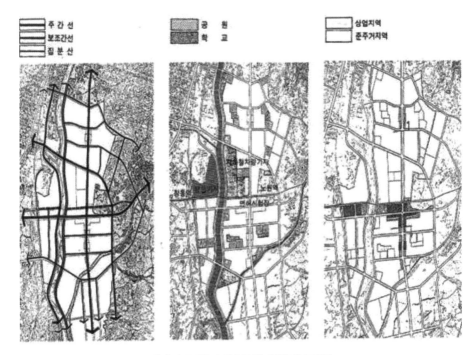

상계지구 택지개발사업 종합개발계획

자료 : 건축도시공간연구소 건축도시정책정보센터(www.aurum.re.kr)

최대 규모의 도시형 주거단지로 바뀌었는데, 서울시의 부족한 주택문제 해결을 위해 개발되었다.* 다만 상계·노원지구는 서민들의 주거안정이 주된 목적이었기 때문에 주로 중소형 아파트 위주로 공급되었다. 목동지구가 조성된 신정동은 원래 논과 밭농사 위주의 저습지로서 일부 원주민과 저소득층 영세민들이 판잣집과 농가형태로 밀집하여 거주하는 낙후지역이었으나, 당시 공영개발방식을 통해 대규모 신시

*   최근희(1996), 앞의 책, 155-156쪽, 재구성

개포지구 택지개발사업 종합개발계획

자료 : 건축도시공간연구소 건축도시정책정보센터(www.aurum.re.kr)

가지로 조성되었다. 목동지구는 대부분의 택지개발지구와 같이 서울의 부족한 주택난을 해소하기 위해서 조성되었다. 또한 서울시에서 상대적으로 낙후된 서부지역의 개발을 촉진하고자 하는 목표도 있었다.

강남지역의 개포지구*는 계속적으로 증가하는 서울의 인구를 분산시키기 위해, 약 250여만 평을 택지로 개발하여 공동주택을 공급하였다. 개포지구는 1 · 2 · 3지구로 나누어 개발되었는데, 1 · 2지구는 한국토지개발공사와 대한주택공사 등의 공공기관이 사업시행자로 참여하였고, 3지구는 서울시가 사업시행자로 참여하였다. 수서지구는 기존의 영동지구 · 잠실지구 · 개포지구와 개발 목적에 차이가 있다. 수서지구의 개발목적은 서민주택을 건설하는 것인데, 서울시의 만성적인 주택난을 해소하고 쾌적한 주거환경을 조성하여 국민의 주거생활 안정과 복지향상을 도모하고자 하였다.

이와 같이 강남과 서울시 외곽지역에 택지개발사업을 통해 대규모 주택단지가 조성되었지만, 여전히 인구는 빠른 속도로 서울로 유입되었고 1 · 2인 가구가 증가하여 주택수요가 늘어났기 때문에 주택난을 해소하기에는 역부족이었다. 따라서 1980년대 말에는 수도권에 5개 신도시(분당, 일산, 중동, 평촌, 산본)가 조성되어 서울로부터 유출인구를 흡수하였다. 그러나 해외와 달리 주거비용을 충당하는 문제 등으로

---

* 　최근희(1996), 앞의 책, 171-174쪽, 재구성

인하여 서울시에서 거주하기 힘든 중·저소득층 위주의 인구이동이 나타났다.

1980년대는 서울시의 집중된 인구를 분산 수용하기 위하여 서울시 주변에 신도시가 본격적으로 조성된 시기로서, '주변 신도시와 업무지구 등의 개발'이 도시성장에 큰 영향을 미쳤다. 그리고 노후화된 물리환경을 개선하기 위한 불량주거지 개발과 택지개발사업을 통한 상계지구·목동지구·가락지구·개포지구 등의 도시 내 신도시가 조성되었고, 이를 실현하기 위한 다양한 공공정책과 관련 계획이 마련되었다.

1990년대 사회·경제적 여건과 도시성장*

1990년대에는 성수대교 붕괴(1994), 삼풍백화점 붕괴(1995), IMF 외환위기(1998) 등과 같이 다양한 사건·사고가 발생하였다. 또한 1960년 이후 30년간 지속되어 온 국가주도의 개발체제가 허물어지고, 1994년 〈지방자치법〉이 제정되면서 본격적인 지방자치시대로 변화하였다.

1990년대에는 수도권이 점차 광역화되면서 서울의 인구는 감소추세로 전환되어 도심지역의 공동화가 발생하는 등 강북지역은 전반적인 쇠퇴가 나타났지만, 상대적으로 강남지역은 계속 성장하였다. 그리고 이전까지는 성장 위주의 관

---

* 서울역사박물관(2013), 앞의 책, 280–287쪽, 재구성
  최근희(1996), 앞의 책, 176–182쪽, 재구성

점에서 고려치 않았던 부분에 대한 관심이 증대하였는데, 북촌·인사동 전통마을 보전, 남산 제모습 찾기 등을 통해 지역의 고유성을 유지하기 위한 다양한 노력이 나타났다.

과거에는 개발 위주의 정책으로 한옥을 전면 철거하였지만, 1990년부터 역사성에 대한 관심이 증대되면서 한옥보존을 중요하게 인식하였다. 이를 실행하기 위하여 북촌에서는 '북촌가꾸기 사업'이 시행되었고, 인사동에서는 '전통문화의 거리'와 '문화지구'를 지정해 고유성을 보전하고자 하였다. 그리고 남산은 1960년대 말 난개발을 통해 외인아파트, 호텔 등이 들어서면서 산림이 크게 훼손되었는데, 1990년대부터 남산의 가치를 중요하게 인식하였다. 이러한 측면에서 1991년 '남산 제모습 찾기' 기본계획을 수립하여 남산골 한옥마을을 조성하고, 1994년에는 외인아파트를 철거하여 남산의 경관을 유지토록 하였다.

1990년대에는 '삶의 질'을 고려하여 자연환경에 대한 관심이 증대하여 다양한 공원화 사업이 시행되었다. 대표적으로 군용비행장 활용 목적의 여의도광장은 여의도공원으로 변경되었고, 정수장으로 활용된 선유도는 재활용생태공원으로 새롭게 탈바꿈하였다. 그리고 1950년대 청계천을 복개하고 건설한 청계고가도로가 1990년대부터 도심혼잡과 환경오염의 원인이 되었고, 2003년 고가도로와 복개도로를 철거하고 청계천으로 복원되어 대표적인 도심지역 수변공원이 되었다. 청계천에는 평일과 주말 구분 없이 많은 사람이 찾고 있고, 다양한 축제도 이루어지며 지역활성화에 기여하고 있다.

1990년대에는 도심지역 공동화를 방지하기 위한 제도적 기반이 강화되었는데, 도심재개발에 도심공동화 방지를 위한 용적률 인센티브제가 도입되었다. 1994년에는 '서울시 도시기본계획(1990)'을 반영하여 영등포 · 청량리 등 부도심지역을 도심재개발 대상에 포함시키고, 1996년에는 도심지역의 주거복합 건축을 유도하고 층수계획을 보완하는 내용을 담아 '도심재개발 기본계획'을 수정 · 보완하였다.

그리고 1983년도에 도입된 '합동재개발'이 난개발을 유발하자, 이를 해결하기 위하여 1995년 〈도시재개발법〉을 전면 개정하였다. 당시 개정된 사항에는 주택재개발구역을 지정할 대상범위, 주택재개발사업 추진 시 적용할 개발밀도, 기반시설 의무설치기준 등의 내용이 포함되었다. 그러나 여전히 무분별한 주택재개발사업은 지속적으로 추진되었고, 이로 인해 도시기반시설 부족, 아파트 중심의 획일적 주택공급 문제 등도 계속해서 발생하였다.

1990년대부터는 지역의 고유성이 중요하게 인식되면서 '지역자산의 개발과 보전'이 도시성장에 영향을 미치기 시작하였다. 또 물리환경 개선을 위한 주택재개발사업이 본격화되었고, 이를 실현하기 위한 공공정책과 관련 계획이 수립되었다. 그리고 강남지역을 중심으로 다양한 업무지구가 조성되면서 도시성장의 중심이 강북에서 강남으로 이동하였다.

2000년대 사회·경제적 여건과 도시성장

1988년 서울올림픽 이후 서울의 위상이 급격하게 상승하면서 서울시는 세계적으로 손꼽히는 선진도시로 부상하였다. 그리고 본격적인 지방자치시대가 도래하면서 2000년 전국 최초로 서울시 도시기본계획 조례가 제정되었고, 지방자치단체의 권한이 도시기본계획 조례에 구체적으로 명시되어 서울시의 행·재정적 권한도 이전에 비해 견고해졌다. 또한 전 세계적으로 유행하고 있던 지속가능성 개념을 수용하여 과거 성장 중심의 도시개발 정책에서 지속가능한 도시개발로 도시정책의 기조가 변화하였다. 이러한 지속가능한 개발의 측면에서 도심부의 특색을 유지·보전하기 위한 '도심부관리계획(1999년)', '도심부발전계획(2004)', '도심재창조종합계획(2008)', '역사도심부관리계획(2010)' 등의 계획이 수립되었다.

2000년대는 정비사업을 활성화시켜 도시지역의 환경을 개선하기 위해 〈도시 및 주거환경 정비법〉과 〈도시재정비 촉진을 위한 특별법〉이 제정되었다. 먼저 〈도시 및 주거환경 정비법〉은 개별적으로 시행되던 도시 및 주거환경정비와 관련된 유사한 법들을 하나로 통합하여 정비의 일관성을 확보하고 종합적인 주거환경 정비를 위해 2002년 12월 제정되었다. 〈도시 및 주거환경 정비법〉에서는 인구 50만 이상의 도시에 대해 법정계획인 '도시·주거환경정비기본계획'을 의무적으로 수립토록 하였으며, 기본계획이 도입되면서 주택재개발사업, 주거환경개선사업, 주택재건축사업 등의 계획적 추진이 가능해졌다.

서울시에서는 2004년 주택재개발사업과 주거환경개선사업을 포함한 '2010 서울특별시 도시·주거환경정비기본계획'을 수립하였고, 세부목표는 다음과 같다. 기본계획의 목표는 '지역여건 및 주변 지역 현황을 고려한 쾌적한 주거환경조성', '생활권 단위의 광역적 주거환경정비', '노후한 기성시가지의 합리적 관리'다. 기본계획에서는 서울시 도시계획구역 내의 전체 주거지역을 대상으로 기본적인 주거지 관리와 정비방향을 제시하고, 주거지역 내 노후불량주택 밀집지역을 대상으로 주거환경개선사업과 주택재개발사업을 통해 주거환경을 정비할 지역인 정비예정구역을 선정하였다 (서울특별시, 2004).*

2006년에는 2004년에 포함되지 않았던 주택재건축사업 부문의 '2010 서울특별시 도시·주거환경정비기본계획'이 수립되었고, 계획의 목표는 '주택재건축을 통한 노후주택지의 계획적 정비 추진', '체계적인 주거지 관리의 관점에서 주택재건축 추진', '생활환경의 질적 개선 요구에 부응한 친환경적 도시계획의 구현', '도시발전에 기여하는 양질의 주택공급과 일정수준의 주거환경 확보', '주택재건축에 대한 공공의 역할 강화로 도시의 건전 발전 유도' 등이다. 기본계획에

---

* 서울특별시(2004), 2010 서울특별시 도시·주거환경정비기본계획–주택재개발사업/주거환경개선사업 부문, 서울, 15쪽, 재구성

서는 서울시 도시계획구역 내 노후공동주택지와 노후불량단독주택지를 대상으로 법적인 요건에 충족되는 정비예정구역을 선정하였다(서울시, 2006).* 또한 종전 〈도시재개발법〉에서는 도심재개발사업이라고 일컬었으나, 2002년 〈도시 및 주거환경정비법〉이 제정되면서 도시환경정비사업으로 명칭이 변경되었다(서울시, 2010).**

2000년대 들어 도시의 특색을 유지·보전하는 것이 중요하게 인식되면서 사대문 안 도심부의 역사문화적 특성을 보전하기 위한 다양한 노력이 이루어졌다. 이러한 흐름 속에서 도심부 역사문화자원을 보전하기 위한 2000년 '도심부 관리 기본계획'이 수립되었고, 이를 상위계획으로 하여 2001년 '도심재개발 기본계획'이 수립되었다. 2001년 '도심재개발 기본계획'에서는 용산 부도심을 추가하고, 높이와 밀도 강화, 수복·보전재개발 도입, 도심부 구역별 유도기준 등이 포함되었다. 2002년 〈도시 및 주거환경정비법〉이 제정되고, 2004년 청계천 복원에 따른 '도심부 발전계획', 2005년 '도시환경정비기본계획'이 수립되었다. 2005년 '도시환경정비기본계획'에서는 미시행사업지구의 정비를 촉진하기 위해 사선제한 완화, 20m 높이 추가, 용적률 인센티브 등을 도입하

* 서울특별시(2006), 2010 서울특별시 도시·주거환경 정비기본계획–주택재건축사업 부문, 서울, 8–9쪽, 재구성
** 서울특별시(2010), 2020년 목표 서울특별시 도시·주거환경 정비기본계획–도시환경정비사업 부문, 서울, 7–9쪽, 재구성

였고, 도심부의 특성을 고려하여 특색을 유지하며 정비사업이 이루어질 수 있는 수복형 정비예정구역을 설정하였다. 또한 중심지의 뉴타운지구나 균형발전촉진사업지구 등에서도 도시환경정비사업이 가능토록 하였다.

다음으로 도시의 낙후된 지역의 주거환경을 개선하고 기반시설 확충과 도시기능의 회복을 위한 광역적 사업을 통해 도시의 균형발전을 도모하고 국민의 삶의 질 향상에 기여하는 것을 목적으로 2005년 12월 〈도시재정비 촉진을 위한 특별법〉이 제정되었다. 〈도시재정비 촉진을 위한 특별법〉은 서울시 자체적으로 〈서울시 지역균형발전지원에 관한 조례〉에 근거하여 뉴타운사업을 추진하면서 나타난 관련 제도의 부족한 점을 해결하기 위해 제정된 것으로, 각종 규제완화와 지원에 관한 내용을 담고 있다. 〈도시재정비 촉진을 위한 특별법〉이 제정되면서 주택재개발사업이 필요한 구시가지 등을 재정비촉진지구로 지정하여 광역단위에서 도시계획적 정비를 효율적으로 진행할 수 있는 기반이 마련되었다 (서울시, 2014).*

2000년대는 도심부의 특색을 유지·보전하는 것이 본격화되면서 '지역자산의 개발과 보전'이 도시성장에 큰 영향을 미치고, 이를 실현하기 위한 다양한 제도적 기반이 마련되었다. 그리고 노후화된 물리환경을 개선하기 위해 〈도시

---

* 서울특별시(2014), 미래 주거재생정책 실행방안 연구, 서울, 15–22쪽, 재구성

및 주거환경 정비법〉과 〈도시재정비 촉진을 위한 특별법〉
이 제정되었고, 이를 통해 주택재개발사업, 주거환경개선
사업, 주택재건축사업 등의 정비사업을 계획적으로 추진할
수 있었다.

2010년대 사회 · 경제적 여건과 도시성장

2010년대는 장기적인 경기침체에 따라 본격적으로 저성장
시대에 진입하였다. 2008년 미국발 금융위기에 따라 전 세계
적으로 저투자 · 저개발 · 저소비가 일반적으로 통용되는 저
성장*시대에 진입하였다. 우리나라도 1980년대 후반까지 경
제성장률이 두 자릿수 이상을 기록했으나, 1990년대부터 성
장세가 지속적으로 낮아지고 있다(1986-90년 10.1%, 1991-95
년 7.5%, 1996-2000년 5.4%, 2001-05년 5.1%, 2006-09년 3.0%).
이와 같은 저성장시대에는 인구가 정체 · 감소하기 때문에
신시가지 개발보다 기성시가지 관리가 더욱 중요하다. 그리
고 소득수준이 향상되면서 물리적 환경뿐만 아니라 사회 ·
경제 · 문화 · 복지 등 다양한 측면에서 삶의 질 향상에 대한
요구가 증가하고 있다.**

2010년대는 사회 · 경제적 여건을 반영하여 〈도시 및 주거
환경정비법〉이 개정되면서 주거환경관리사업과 가로주택정

---

*   저성장low growth은 성장세가 약화되거나 둔화되어 나타나는 결과로, 양적으로 표현되는
     성장률이 상대적으로 낮아진 경제활동 상태를 의미한다(조명래 외, 2011).
**   서울특별시(2014), 앞의 책, 서울, 47-54쪽, 재인용

비사업이 새롭게 도입되었고, 〈도시재생 활성화 및 지원에 관한 특별법〉이 제정되면서 도시재생의 제도적 기반이 마련되었다.

2008년 외환위기 이후 지속된 부동산 경기침체, 정비사업의 사업성 저하 및 주민갈등 등으로 인하여 정비사업이 지연되거나 중단되면서 많은 매몰비용이 발생하였다. 또한 사업추진 과정에서 갈등문제가 지속적으로 나타나면서 공공의 역할 증대와 지원 강화에 대한 요구가 증가하였다.

그리고 기존의 전면철거형 정비방식의 다양한 문제점이 드러나자 지역주민이 원하는 방향으로 주거지정비를 추진할 수 있도록 하는 내용을 포함하여 2012년 〈도시 및 주거환경정비법〉이 개정되었다. 개정된 〈도시 및 주거환경정비법〉에 주거환경관리사업과 가로주택정비사업을 추가하여 지역특성에 맞는 사업을 추진할 수 있도록 하였으며, 이를 원활히 추진할 수 있도록 관련 기준을 조정하였다.

또한 지금까지 물리적 환경 개선 중심의 정비사업에서 탈피하여 지역특성을 반영하고 지역자산을 활용한 사람과 장소 중심의 종합적인 활성화를 위해 2013년 〈도시재생 활성화 및 지원에 관한 특별법〉이 제정되었다. 〈도시재생 활성화 및 지원에 관한 특별법〉은 기존의 사업법과는 달리 경제적 · 사회적 · 문화적 활력을 회복하기 위하여 공공의 역할을 강화하고 지원하는 지원법의 성격을 지닌다.

2010년대에도 2000년대에 이어 지역의 고유성이 중요하게 인식되면서 〈지역자산의 개발과 보전〉을 위해 〈도시 및 주거환경정비법〉 개정과 〈도시재생 활성화 및 지원에 관한 특별법〉 제정 등의 제도적 기반이 마련되었다. 그리고 2기신도시(판교, 광교, 동탄, 운정, 한강, 양주, 위례, 검단새빛, 고덕국제) 개발도 서울시의 도시성장에 큰 영향을 미쳤다.

앞서 이야기하였던 서울시의 도시성장 이야기를 다시 한 번 종합해 본다.

서울시는 1950년 발발한 한국전쟁으로 인하여 폐허가 되었지만, 1953년 휴전 이후 본격적인 전재복구를 시작으로 단기간에 급속한 도시성장을 경험하고 현재 우리나라의 대표 도시로 자리매김하였다.

1950-60년대는 '전재복구와 한강개발기'로서 휴전 이후 서울의 재건이 급속하게 진행되면서 서울의 인구는 폭발적으로 증가하였다. 그러나 폭발적인 인구증가는 주택난, 교통혼잡, 위생문제, 환경문제 등을 발생시켰고, 도심지역의 인구집중 문제를 해결하기 위하여 본격적인 한강개발이 이루어 졌다. 이 시기에는 '주변 신도시와 업무지구 등의 개발'과 이와 관련된 다양한 '공공정책과 관련 계획' 등이 도시성장에 중요한 영향을 미쳤다.

1970년대는 '불균형 발전기'로서 서울 도심지역의 집중한 인구를 분산시키기 위해 강북개발은 억제하고 강남개발을 유도하였다. 민간주택건설을 활성화화기 위한 제도적 기반이 마련되었고, 영동지구와 잠실지구 등에서 토지구획정리사업을 통해 대규모 아파트 단지가 개발되었다. 이러한 강남 개발은 강북의 중산층을 분산시키는 결과로 나타났다. 1970년대는 1960년대와 유사하게 '주변 신도시와 업무지구 등의 개발'이 도시성장과 밀접한 연관이 있다. 그리고 당시에는 강남지역 개발을 촉진하기 위해 강북지역의 학교와 공공시설 등을 강남지역으로 이전하는 '주요시설 이전과 유치'와 이를 실현하기 위한 '공공정책과 관련 계획'이 도시성장에 큰 영향을 미쳤다.

1980년대는 '신도시 조성기'로서 1970년대 강남지역 개발로 분산된 인구보다 서울로 집중되는 인구가 더 많기 때문에 여전히 서울 노심인구의 과밀은 지속되었다. 1980년대에는 공영개발방식의 택지개발사업을 통해 동북권 상계 · 노원지구, 서남권 목동지구, 강남권 개포 · 수서 · 고덕지구 등에 대규모 아파트 단지가 조성되었다. 그러나 1970년대에는 강북 중산층이 중심이었다면, 1980년대 조성된 상계 · 노원지구, 목동지구, 수서지구 등에서는 서민층을 위한 소규모 주택도 다량으로 공급되어 이원화된 인구이동이 나타났다. 1980년대 후반에는 서울시 외곽지역에 분당 · 일산 · 중동 · 평촌 · 산본 등의 1기 신도시가 조성되었고, 해외의 교외화 특성과 다르게 고소득층보다 중 · 저소득층 중심으로 인구가 이동하는 경향이 나타났다. 1980년대는 다양한 도시성장 영향요인 중에서 '주변 신도시와 업무지구 등의 개발'이 가장 큰 영

향을 미쳤고, 이를 실현하기 위한 다양한 제도적 기반 마련
이 병행되었다.

1990년대는 '강남북 불균형 심화기'로서 수도권이 점차 광
역화되면서 서울인구는 감소추세로 전환되어 도심지역에서
는 공동화가 발생하는 등, 강북지역에서는 전반적인 쇠퇴
가 발생한데 반해 강남지역은 지속적으로 성장하였다. 당시

전재복구와 한강개발 **1950 ~ 1960's**	불균형 발전 **1970's**	신도시조성 **1980's**
사회·경제적 여건		
• 휴전 이후 서울의 재건이 급속하게 진행되면서 서울의 인구 폭발적 증가(교통혼잡, 만원버스) • 서울의 과밀집중에 따른 사회적 문제 발생: 무허가 판자촌 난립	• 도심지역에서 주변지역으로의 교외화(suburbanization) 본격화 • 경제적 능력이 열악한 사람이 모여있는 달동네 조성 • 1968년 경부고속도로 개통이후 강남개발 본격화(중산층 이주)	• 3저(저달러, 저유가, 저금리)호황과 메가이벤트(아시안게임, 올림픽)개최 통한 산업·경제 성장 • 신군부의 권위주의 통치에 대항하여 치열한 민주화 운동으로 사회전반적 갈등양상 팽배
도시정책 동향		
• 공영주택 건설 : 외국의 원조를 통해 공영주택 건설 • 불량지구 개량사업도입 : 1962년 「도시계획법」 제정, 불량주거지 강제철거와 이주정책 실시 • 슬림지역 현대화·고도화 : 1966년 「도시계획법」 개정하여 도심재개발 추진 • 한강개발 본격화 : 공유수면매립과 강변택지조성사업 통해 한강개발, 1968년 여의도 종합개발계획 수립	• 강북억제와 강남개발 촉진 : 강북 명문학교 강남지역 이전, 도심지역 재개발지구 건물의 신개축과 택지개발 금지, 토지구획정리사업 통해 영동지구와 잠실지구 개발 • 민간주택건설 활성화 : 1972년 「주택건설촉진법」, 1978년 「특정지구개발촉진에 대한 임시조치법」 제정 통해 대규모 민간아파트 개발 공급 본격화 • 도심재개발 본격화 : 1976년 「도시재개발법」, 1978년 도심재개발 기본계획 수립 • 불량주택 및 불량주택밀집지역 개량 : 1973년 「주택개량촉진에 관한 임시조치법」 제정	• 정비사업 추진 본격화 : 1983년 「도시재개발법 시행령」 개정 통해 합동재개발 추진 • 도시내 신도시 조성 : 1980년 「택지개발촉진법」 제정하여 택지개발사업 추진(상계동·원지구, 목동지구, 개포지구, 수서지구, 고덕지구 등) • 1기 신도시 조성 : 인구분산을 위해 주변에 1기 신도시(분당, 일산, 중동, 평촌, 산본) 조성. 중·저소득층 중심의 인구이동 발생
도시성장 영향요인		
주변신도시와 업무지구 등 개발	주변신도시와 업무지구 등 개발	주변신도시와 업무지구 등 개발
공공정책과 관련 계획	주요시설 이전과 유치	공공정책과 관련 계획
	공공정책과 관련 계획	

1950–80년대 도시성장 영향요인과 도시성장 특성

자료 : 윤병훈(2017), 도시성장 영향요인을 고려한 도시성장단계 평가기법 개발, 서울시립대학교 박사학위논문, 재인용

에는 도심지역 공동화를 방지하기 위해 도심재개발 기본계획 등의 제도적 기반이 강화되었다. 1990년대는 1970년대부터 이어진 '주변 신도시와 업무지구 등의 개발'이 도시성장에 큰 영향을 미쳤고, 노후한 물리환경을 개선하기 위한 주택재개발사업이 본격화되었다. 또한 지역의 고유성이 중요하게 인식되기 시작하면서 '지역자산의 개발과 보전'이 도시

	강남북 불균형 심화	도시·주거환경 정비	사람과 장소중심의 도시관리
	1990's	**2000's**	**2010's**
사회·경제적 여건	• 성수대교 붕괴(1994년), 삼풍백화점 붕괴(1995년), IMF 외환위기(1998년) 등 사건사고 발생 • 본격적인 지방자치제 도입	• 서울올림픽 이후 서울의 국제적 위상 급상승 • 지속가능성(sustainability) 중시	• 장기적 경기침체에 따른 저성장 시대 진입 • 소득수준이 향상되면서 물리적 환경 뿐 아니라 사회·경제·문화·복지 등 다양한 측면에서 삶의 질 향상에 대한 요구 증가
도시정책 동향	• **고유성(역사문화 자원)의 관심 증대** : 북촌가꾸기 사업, 인사동 전통문화거리 조성 등 고유성 보존 • **자연환경 관심 증대** : 공원화사업 실시, 여의도광장 공원으로 조성, 선유도 생태공원 조성 • **도심공동화 방지 위한 도심재개발 추진** : 1994/1996년 도심재개발 기본계획 수정 • **합동재개발에 의한 난개발 방지** : 1995년 「도시재개발법」 전면 개정, 주택재개발구역 지정할 대상범위, 개발밀도, 기반시설 의무설치기준 등 포함	• **도심부의 특색 유지·보전** : 도심부관리계획(1999), 도심부발전계획(2004), 도심재창조종합계획(2008), 역사도심부관리계획(2010) 수립 • **도시·주거환경정비 본격화** : 「도시 및 주거환경정비법」, 「도시재정비 촉진을 위한 특별법」 제정, 2010 서울특별시 도시·주거환경정비 기본계획 수립 (2004/2006) • **도시환경정비사업 활성화** : 도시재개발사업 도시환경정비사업으로 명칭 변경, 도시환경정비기본계획 수립(2005) • **광역적 정비를 위한 뉴타운사업 추진** : 2005년 「도시재정비 촉진을 위한 특별법」 제정, 광역단위의 도시정비 추진	• **지역특성을 고려한 새로운 방식의 정비사업 추진** : 「도시 및 주거환경정비법」 개정되면서 주거환경관리사업과 가로주택정비사업 도입 • **도시재생 추진 본격화** : 2013년 「도시재생 활성화 및 지원에 관한 특별법」 제정, 지역특성을 반영하고 지역자산을 활용한 사람과 장소중심의 종합적 활성화 추진
도시성장 영향요인	주변신도시와 업무지구 등 개발	물리환경 노후화	주변신도시와 업무지구 등 개발
	공공정책과 관련 계획	공공정책과 관련 계획	물리환경 노후화
	물리환경 노후화	지역자산의 개발과 보전	공공정책과 관련 계획
	지역자산의 개발과 보전		지역자산의 개발과 보전

1990-2010년대 도시성장 영향요인과 도시성장 특성

자료 : 윤병훈(2017), 도시성장 영향요인을 고려한 도시성장단계 평가기법 개발, 서울시립대학교 박사학위논문, 재인용

성장에 본격적으로 영향을 미치기 시작하였다.

2000년대는 '도시 · 주거환경 정비기'로서 도시 내 낙후된 지역의 주거환경을 개선하고 부족한 기반시설을 확충하여 도시기능을 회복하기 위한 주택재개발사업 · 주택재건축사업 등의 정비사업이 추진되었다. 정비사업으로 노후화된 주택을 전면철거하고 공동주택 위주의 공급이 이루어졌으며, 경제적 상황이 상대적으로 열악한 중 · 저소득층은 주변 지역이나 서울시 외곽지역으로 갈 수밖에 없는 비자발적 이주가 발생하였다. 당시에는 노후화된 물리환경을 개선하는 것이 중요한 시기로서 '물리환경 노후화'가 도시성장에 큰 영향을 미쳤고, 도심부의 특색을 유지하고 보전하는 것이 본격화되면서 '지역자산의 개발과 보전'을 위한 다양한 공공정책과 계획이 마련되었다.

2010년대는 '사람과 장소 중심의 도시관리기'로서 전면철거 방식으로 진행되었던 정비사업의 문제점을 극복하기 위하여 거주민의 비자발적 이주를 방지하고 지역의 특성을 유지하고 보존할 수 있는 도시관리 차원의 접근이 이루어졌다. 소위 도시재생 시기에 진입한 것으로 볼 수 있다. 2013년에는 〈도시재생 활성화 및 지원에 관한 특별법〉을 제정해 도시재생 추진을 위한 법제적 기반이 마련되며 지역특성을 반영하고 지역자산을 활용한 사람과 장소 중심의 종합적 활성화를 추진하였다. 2010년대에는 '지역자산의 개발과 보전'이 도시정책 전반에서 중요한 키워드로 인식되면서 도시성장에 큰 영향을 미치는 요인으로 부각되었다. 또한 2기신도시 조성을 통한 '주변 신도시와 업무지구 등의 개발'도 서울시의 도시성장을 결정하는 중요한 요인이 되었다.

도시재생의 도입과 의의
도시재생은 어떻게 시작되었을까?

우리나라는 과거 고도 경제성장 시기를 지나오며 도시의 인구와 산업이 급격히 증가하는 '초고속 도시화'를 경험하였다. 하지만 각종 생활기반시설이 제대로 마련되지 못한 상태에서 도시로 인구가 밀려오자 필연적으로 각종 문제가 발생할 수밖에 없었다. 상하수도와 같은 기반시설의 용량 부족으로 인한 위생문제, 교통시설의 부족 문제, 주택 부족 문제 등 시급한 도시문제를 해결하기 위해 도시정책 수립권자는 사회간접자본과 기반시설을 확충하고 주택을 많이 공급하는 것에 치중할 수밖에 없었다. 높은 경제성장단계로 정의할 수 있는 '성장시대'에는 효율성, 합리성, 양적 공급 등이 도시정책에서 가장 중요한 키워드로 자리매김하였다.

하지만 인구증가율이 감소하고 장기간 경기침체가 이어지는 저성장 '성숙시대'에 진입하면서 사람, 장소성·고유성, 형평성, 삶의 질 등이 도시정책에서 중요한 화두로 인식되었고, 도시개발의 패러다임이 '신시가지 개발'에서 '도시

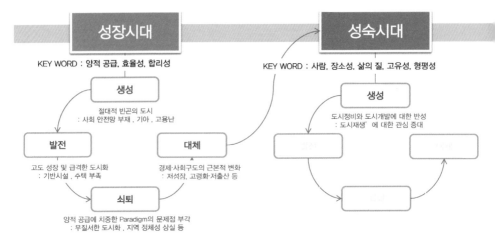

도시정책 패러다임의 변화

자료 : 남진(2018), 산업연관분석을 활용한 도시재생의 경제적 효과 분석, 국토연구원, 재인용

재생'으로 변화하였다.*

부동산 경기가 침체하며 사업성 저하로 발생된 다양한 문제로 인해 정비사업이 지연되거나 중단되고, 사업추진 과정에서 갈등문제가 지속적으로 나타나면서 공공이 무엇을 할지에 대한 사회적 요구가 확대되고 있다. 또한 지역특성을 반영하지 않은 전면철거형 정비방식의 문제를 해결하고 주민들이 원하는 주거지정비를 추진할 수 있는 새로운 사업방식의 요구가 증대되며 자연스럽게 도시재생으로 이어지

*   서울특별시(2014), 앞의 책, 재구성
    남진(2018), 산업연관분석을 활용한 도시재생의 경제적 효과 분석, 국토연구원, 재구성
    남진 · 이삼수(2016), 도시성장단계별 도시개발 패러다임 변화 및 효과 분석, 도시재생실증연구단(2차년도), 재구성
    국토교통부(2021), ZOOM IN 도시재생-코디네이터용 도시재생 총론, 재구성

게 되었다.

2013년 12월 제정된 〈도시재생특별법〉*은 기존의 사업법과는 다르게 경제적 · 사회적 · 문화적 활력 회복을 위하여 공공의 역할을 강화하고 지원하는 지원법의 성격을 갖고 있다. 이러한 법적 성격은 제1조(정의)에 "경제적 · 사회적 · 문화적 활력 회복을 위하여 공공의 역할과 지원을 강화함으로써 도시의 자생적 성장기반을 확충하고 도시의 경쟁력을 제고하며 지역 공동체를 회복하는 등 국민의 삶의 질 향상에 이바지함을 목적으로 한다"는 내용을 통해 알 수 있다. 이에 따라 법은 도시재생이 필요한 도시재생활성화지역을 선정하는 기준과 도시재생활성화계획의 주요내용을 규정하는 것부터, 노시재생활성화를 위한 국가와 지방자치단체의 책무, 도시재생을 위해 필요한 보조 또는 융자 등 다양한 지원 내용, 도시재생 추진체계까지 도시재생을 위한 지원법으로서 필요한 내용을 포함하고 있다.

또한 〈도시 및 주거환경정비법〉에 따라 진행되던 주거환경개선사업, 주거환경관리사업, 주택재개발사업, 도시환경정비사업, 주택재건축사업, 가로주택정비사업 등은 개정('18.02)을 통해 새롭게 재편되었다. 기존 이원화되어 운영되었던 주거환경관리사업과 주거환경개선사업은 주거환경개선사업으로 통합되었다. 주거환경개선사업은 '낡고 오래된

---

* 〈도시재생특별법〉의 주요내용은 Ⅳ장의 '1. 〈도시재생특별법〉의 주요내용' 참조

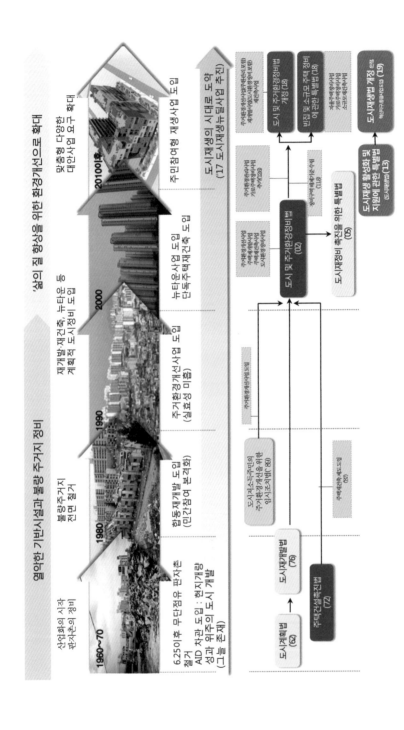

우리나라 도시재생 정책의 변화

출처 : 서울시(2014), 미래 주거재생정책 실행방안 연구, 재구성(2020.12. 기준)

주택이 밀집된 지역에 도로, 주차장, 공원 등 정비기반시설을 설치하고 불량주택을 개량함으로써 쾌적하고 살기 좋은 주거단지로 바꾸어 도시 저소득 주민의 복지증진과 도시환경개선에 이바지하는 사업'으로, 현지개량방식·공동주택건설방식·혼합방식 등으로 진행되었다.

주택재개발사업 및 도시환경정비사업은 재개발사업으로 통합되었다. 재개발사업은 '정비기반시설(도로, 상하수도, 공원, 공용주차장 등)이 열악하고 노후·불량건축물이 밀집한 지역에서 주거환경을 개선하거나, 상업·공업지역 등에서 도시기능의 회복 및 상권활성화 등을 위하여 도시환경을 개선하기 위한 사업'으로, 주거지역 외 상업·공업지역 등이 포함되면서 '재개발사업'으로 명칭이 변경되었다. 주택재건축사업은 '재건축사업'으로 명칭이 변경되고, '정비기반시설은 양호하나 노후·불량건축물에 해당하는 공동주택이 밀집한 지역에서 주거환경을 개선하기 위한 사업'을 의미한다.

가로주택정비사업은 '종전의 가로를 유지하고 기반시설의 추가부담 없이 노후주택을 소규모 공동주택으로 재건축하는 주민참여형 사업'으로, 2017년 2월 가로주택정비사업의 절차를 간소화하고 공공지원을 확대하는 〈빈집 및 소규모주택 정비에 관한 특례법〉이 제정되며 자율주택정비사업, 가로주택정비사업, 소규모재건축사업을 통칭하는 '소규모주택 정비사업'이 도입되었다.

2020년 도시재생 뉴딜사업에서 사업추진 저조, 예산집행

률 저하, 민간기업 참여부재, 재생파급효과 미흡, 도시재생 체감도 저하 등의 문제가 발생하며, 도시재생사업의 실행력을 높이기 위해 〈도시재생법〉을 개정('19.12.)해 도시재생 신수단(총괄사업관리자, 혁신지구, 인정사업)이 도입되었다.

총괄사업관리자는 공기업이 도시재생사업에 주도적으로 참여하도록 지자체가 공공기관 등을 총괄사업관리자로 지정하여 지자체의 권한을 일부 대행 · 위탁하는 제도다. 혁신지구는 도시재생활성화계획 없이 공공주도의 도시재생을 효과적으로 추진하기 위하여 지역거점을 조성하는 지구단위 건설계획을 수립 · 시행하는 제도다. 인정사업에서는 도시재생전략계획이 수립된 지역에서 점단위사업에 대해 별도 도시재생활성화계획 수립 없이 재정 · 기금 등 정부지원을 실시할 수 있도록 하였다.

도시재생의 효과

도시재생을 하면 무엇이 좋아질까?

우리나라는 1960년대 이후 도시화 및 산업화가 진행되면서 도시로 인구가 집중하였고, 이로 인한 무분별한 확산은 도시의 많은 문제점을 야기하였다. 도시인구의 급속한 증가는 무분별한 도시의 외연적 팽창을 가져왔고, 대도시 주변의 많은 위성도시의 생성, 도심에서 교외로의 이동으로 인한 교통혼잡 문제, 대도시 구도심에서 나타난 도심공동화 현상과 기반시설 노후화 등 물리환경, 사회·경제적 측면에서 도시 쇠퇴가 나타났다. 이러한 문제점을 해결하기 위해 도시재개발 및 도시정비사업이 시행되었으나, 기존의 물리적 환경정비 위주의 방식으로는 대도시의 구도심을 활성화시키는 데 한계점이 발생하였다. 2000년대에 들어서면서 기존의 전면 철거 중심의 물리적 환경 개선뿐만 아니라 사회·경제·문화적 측면에서 도시에 활력을 주는 방안으로 '도시재생Urban Regeneration'의 개념이 대두되었고, 현재 우리나라 대부분 지역에서 도시재생을 추진하고 있다.

도시재생이 도시정책으로 중요하게 인식되고 있는 시점에서, 인구감소 및 장기적인 경기침체에 따른 저성장 시대에 도시재생이 사회·경제적 측면에서 효용성이 있는지에 대해서는 크게 다음 관점에서 볼 수 있다.*

첫째, 노후시설 개선 및 중심시가지 활성화를 통해 도시유지·관리비용을 절감할 수 있다. 건물 및 기반시설이 노후화되며 안전 및 성능저하 문제로 경제적 손실이 증가하고 있다. 특히 노후시설은 도시쇠퇴를 심화시키는 원인으로 작용하고 있다. 주변 신도시개발도 도시 관리비용 증가요인으로 작용하는데, 주변 지역까지 확대된 권역을 관리하기 위해서는 기반시설 유지보수, 행정비용 등 많은 도시 관리비용이

---

*   남진·이삼수(2016), 앞의 책, 재구성
    국토교통부(2021), 앞의 책, 재구성

필요하다. 하지만 지역 내 생산가능인구가 감소하며 주민세 감소, 중심도시 쇠퇴에 따른 재산세 감소 등으로 도시 관리 비용을 확보하기 어려운 상황이다. 도시재생은 신도시개발에 따른 교외지역 확대에 대응하여 효율적인 토지이용을 통해 교통 에너지 소비 및 교통비용을 감축시킬 수 있다. 또한 기반시설의 관리·유지 차원에서 신도시개발보다 도시재생이 우세한데, 기반시설을 신규로 공급하는 신도시개발과 비교하여 도시재생은 기존 인프라를 활용할 수 있어 기반시설 효용 측면에서 국토자원 절감 효과를 기대할 수 있다. 현재와 같은 인구의 정체·감소시기에는 신도시개발에 신중한 접근이 필요하고, 도시재생을 통해 기존 인프라를 활용하는 방안 마련이 필요하다.

둘째, 역사성·장소성을 유지 및 보전하면 도시경쟁력을 향상시킬 수 있다. 도시경쟁력이 국가경쟁력을 결정하는 핵심요소로 부각되었고, 도시경쟁력을 향상시키기 위해서는 지역의 역사성과 장소성을 보전하고 유지하는 것이 필요하다. 역사 관련 지역·시설·건축물 등도 중요한 자산으로 인식되면서 보전해야 할 유산이 되고 있다. 따라서 전면철거 위주의 도시정비 방식에서 탈피하여 지역의 정체성과 고유성을 보전하는 수단인 도시재생을 통해 도시경쟁력을 확보하는 것이 필요하다. 실제로 전통적 경관·문화를 보전하는 것이 사회·경제적 측면에서 총편익을 증대하는 효과가 있는 것으로 분석되기도 하였다(足立基浩, 2008).

셋째, 유휴공간을 활용하여 지역의 자생력을 향상시킬 수 있다. 사회 · 경제적 여건이 변화하며 발생한 유휴 공공청사, 빈집 · 빈 점포, 폐산업시설, 시설이전적지 등 다양한 유휴공간은 지금까지 '도시쇠퇴를 나타내는 증상이자 새로운 문제를 유발하는 질병' · '여러 사회 문제를 유발하고, 주변의 물리적 환경을 악화시키는 요인' 등의 부정적 공간으로 인식되어 온 것이 사실이다. 최근 도시 내 활용할 수 있는 부지가 부족하고 높은 지가 등으로 인하여 활용도가 낮은 유휴공간

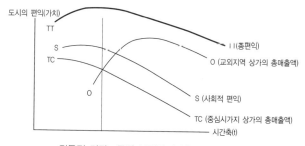

전통적 경관 · 문화 보전하지 않는 경우 총편익

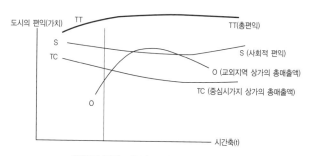

전통적 경관 · 문화 보전하는 경우 총편익

전통적 경관 · 문화 보전에 따른 사회 · 경제적 총편익 비교

출처 : 足立基浩(2008), 地方都市再生の理論的檢討

이 관심을 받으며 도시재생 실현을 위한 중요한 자산인 긍정적 공간으로 인식되고 있다. 즉, 유휴공간을 도시재생의 관점에서 긍정적인 공간으로 활용할 수 있다. 유휴공간을 경제적 기반이 약해 임대료를 부담하기 어려운 청년인력 및 영세소상공인에게 저렴한 임대료로 제공한다면, 지역경제를 활성화시키고 일자리 창출도 기대할 수 있다.

넷째, 신시가지를 개발하며 발생하는 녹지훼손을 방지하고 자연환경을 유지할 수 있다. 증가하는 인구를 수용하고 수용-공급의 차이에 따른 부동산 문제를 해결하기 위해 도시 주변에 신도시를 개발하게 되면 녹지훼손을 피할 수 없

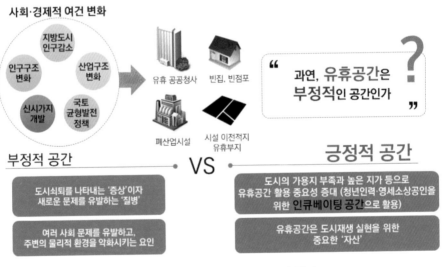

유휴공간을 활용한 지역의 자생력 향상

출처 : 남진·이삼수(2016), 도시성장단계별 도시개발패러다임 변화 및 효과분석, 도시재생실증연구단(2차년도)

다. 주택공급이라는 목적에만 함몰되지 말고 도시회복력Resil-
ience 차원에서 도시재생을 통해 녹지를 보전하고 자연환경을
유지하는 것이 필요하다.

　다섯째, 이해당사자가 함께 풀어가고 사회적 약자를 배려
하는 사람 중심의 소통·포용도시를 실현할 수 있다. 실존
주의實存主義시대가 다시 도래하면서 사람(인권, 人權)의 가치
가 향상되고 있다. 실존주의에서는 "진리는 객관적·합리적
인 것이 아니라 개별적·주체적이다(키에르 케코르)"라고 주
장하면서 사람 개개인의 인격과 가치를 중요하게 생각한다.
즉, 종합성과 객관성 중심인 '우리'의 사회에서 문화적 다양

신도시 개발에 따른 녹지 훼손

도시재생을 통한 녹지확보 및 자연환경 유지

출처 : 남진·이삼수(2016), 도시성장단계별 도시개발패러다임 변화 및 효과분석, 도시재생실증연
　　　구단(2차년도)

성을 중시하는 '나' 중심의 사회로 변화하며 사람의 가치가 향상되었다. 이러한 시대적 흐름 속에서 과거 어느 때보다 저소득층, 장애인, 노인 등 사회적 약자에 대한 관심이 증대되었다. 또한 기술적 합리성을 중시하는 최적의 의사결정보다는 합의를 통한 의사결정을 중요하게 생각하였고, 수직적 의사결정보다는 수평적 협력이 중요하게 인식되어 사람 중심의 환경개선을 위한 도시재생이 필요하다.

여섯째, 콤팩트compact한 도시재생을 통해 도시민의 안전성과 편리성을 확보할 수 있다. 도시쇠퇴에 따라 발생하는 도시 생활기능 서비스 저하, 도시안전성 저하, 지역경제 활력 쇠퇴, 지방재정 악화, 에너지 소비량 · 탄소 배출량 증가 등

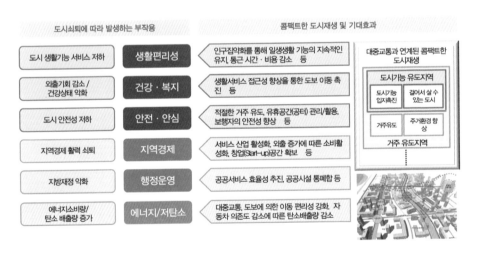

콤팩트한 도시재생의 효과

출처 : 남진 · 이상수(2016), 도시성장단계별 도시개발패러다임 변화 및 효과분석, 도시재생실증연구단(2차년도)

의 부작용을 효과적 · 효율적으로 해결하는 방식으로 콤팩트
한 도시재생이 필요하다. 대중교통과 연계된 방식의 도시재
생은 도시기능 유도지역과 거주 유도지역 등을 구별하여 지
역별로 필요한 방식으로 진행된다. 생활편리성 측면에서는
집약화를 통해 일상생활 기능의 지속적인 유지, 통근 · 통학
시간비용 감소 등의 효과, 건강 · 복지 측면에서는 생활 서비
스 접근성 향상을 통한 도보이동 촉진, 안전 · 안심 측면에서
는 적절한 거주유도, 유휴공간(공터)의 관리 및 활용, 보행자
의 안전성 향상 등의 효과를 기대할 수 있다. 지역경제 측면
에서는 서비스 산업의 활성화, 외출 증가에 따른 소비활성
화, 창업Start-up공간 확보 등의 효과, 행정운영 측면에서는 공
공서비스의 효율성 추진, 공공시설 통폐합 등의 효과를 예
상할 수 있다. 에너지 · 저탄소 측면에서는 대중교통 · 도보
에 의한 이동 편리성 강화, 자동차 의존도 감소에 따른 탄소
배출량 감소 등이 기대된다.

도시재생의 지속가능성 전략
어떻게 하면 도시재생이 지속될 수 있을까?

도시재생은 우리나라 대부분의 도시가 역도시화 단계에
진입하여 다양한 문제가 발생하는 상황에서 도시관리를 위
해 도입된 도시정책이다. 이러한 관점에서 문재인정부 출범

을 시작으로 본격화되었기보다 2008년 도시재생 국가 R&D
가 시작된 시점을 도시재생의 기반구축 단계로 보는 것이 타
당하다. 2008년 도시재생 국가 R&D의 종합적인 성과로 2013
년 〈도시재생 활성화 및 지원에 관한 특별법〉(이하 도시재생
법)이 제정되어, 도시재생의 법제적 기반이 마련된 것이다.

　〈도시재생법〉에서 도시재생은 '인구의 감소, 산업구조의
변화, 도시의 무분별한 확장, 주거환경의 노후화 등으로 쇠
퇴하는 도시를 지역역량의 강화, 새로운 기능의 도입 · 창출
및 지역자원의 활용을 통하여 경제적 · 사회적 · 물리적 · 환
경적으로 활성화시키는 것'으로 정의하고 있다. 도시재생 대

[인구감소]
– 지난 30년 중 가장 많았던 시기
　에서 20% 이상 감소
– 최근 5년간 3년 연속 감소

[사업체수 감소]
– 지난 10년 중 가장 많았던 시가
　에서 5% 이상 감소
– 최근 5년간 3년 연속 감소

[생활환경 악화]
– 20년 이상 노후건축물 50%
　이상

상지역은 인구감소, 사업체수 감소, 생활환경 악화와 관련된 5개 법정지표를 기준으로 선정한다.

현재 추진되고 있는 도시재생 뉴딜의 목표는 도시쇠퇴에 대응하여 물리적 환경개선과 주민들의 역량강화를 통해 도시를 종합적으로 재생하는 것이다. 이를 위해, 주거복지 실현, 도시경쟁력 회복, 사회통합, 일자리창출 등을 세부목표로 설정하고 있다. '주거복지 실현'을 위해 거주환경이 열악한 노후주거지를 정비하여 기초생활 인프라를 확충하고, 저렴한 공적 임대주택을 공급한다. 쇠퇴한 구도심에 혁신 거점 공간을 조성하고 도시기능을 재활성화시켜 '도시경쟁력'을 회복시킨다. '사회통합'을 위해 주민참여 거버넌스를 구축하여 이익의 선순환 구조를 정착시키고, 소유주와 임차인, 사업주체와 주민 간 상생을 유도한다. 업무, 상업, 창업 등 다양한 일자리 공간을 제공하고, 도시재생 경제조직 등 지역기반의 지속가능한 일자리를 창출하고자 한다.

이를 구체화시켜 도시재생 뉴딜사업의 유형은 대상지역 특성, 사업규모 등에 따라 총 다섯 가지 유형으로 구분된다. '경제기반형(산업)'은 국가·도시 차원의 경제적 쇠퇴가 심각한 지역을 대상으로 복합 앵커 시설 구축 등 신경제거점을 형성하고 일자리를 창출하는 사업이다. '중심시가지형(상업)'은 원도심의 공공서비스 저하와 상권의 쇠퇴가 심각한 지역을 대상으로 공공기능 회복과 역사·문화·관광과의 연계를 통한 상권의 활력증진 등을 지원하는 사업이다. '일반

경제기반형

중심시가지형

일반근린형

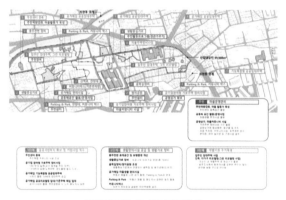

주거재생형 중 주거지지원형

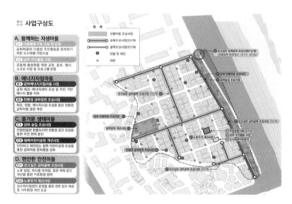

주거재생형 중 우리 동네 살리기

도시재생 뉴딜사업 사업유형별 예시

출처 : 도시재생종합정보체계(www.city.go.kr)

근린형(준주거)'은 주거지와 골목상권이 혼재된 지역을 대상으로 주민공동체 활성화와 골목상권 활력증진을 목표로 주민 공동체 거점 조성, 마을가게 운영, 보행환경 개선 등을 지원하는 사업이다. 주거재생형은 '주거지지원형(주거)'과 '우리 동네 살리기'로 구분된다. '주거지지원형(주거)'은 원활한 주택개량을 위해 골목길 정비 등 소규모 주택정비의 기반을 마련하고, 소규모 주택정비사업 및 생활편의시설 공급 등으로 주거지 전반의 여건을 개선하기 위한 사업이다. '우리동네살리기(소규모 주거)'는 생활권 내에 도로 등 기초 기반시설은 갖추고 있으나 인구유출, 주거지 노후화로 활력을 상실한 지역에 대해 소규모 주택정비사업 및 생활편의시설 공급 등으로 마을공동체 회복을 목표로 하는 사업이다.

그렇다면 도시재생사업이 성공하기 위해서는 무엇이 필요할까? 도시재생의 성공 키워드로 '주민참여', '부처협업', '지역특화', '민관협력'을 꼽을 수 있다.

첫째, 도시재생에서 주민참여는 선택이 아니고 필수다. 얼마 전까지만 해도 도시정책을 결정할 때는 소수 전문가 중심 하향식top-down 방식이 주를 이루었다. 하지만 우리나라 역시 민주주의가 점차 자리를 잡아가며 도시정책 수립 시 지역주민은 수동적 수혜자가 아닌 능동적 참여자로서 역할을 하고 있다. 이러한 관점에서 '내가 원하는 도시를 직접 설계하라!'를 표방하는 주민참여는 반드시 필요하고, 지역의 문제를 찾고 해결방안을 고민하는 과정에서 중요한 역할을 하고 있다.

둘째, 한정적인 예산과 효율성을 높이기 위한 부처협업이다. 〈도시재생법〉은 태생 자체가 지원법적인 성격을 지니고 있기 때문에 다양한 사업을 진행하기 위해서는 〈도시 및 주거환경정비법〉, 〈도시개발법〉 등 해당 법의 절차와 방식을 준용해야 한다. 대부분의 지자체에서 '도시재생과'를 구성하여 다양한 사업추진을 위한 도시재생활성화계획을 수립하고 있지만, 사업추진 단계에 진입하게 되면 관련 내용을 이관하고 해당 부서에서 사업이 진행된다. 예를 들어, 도시재생활

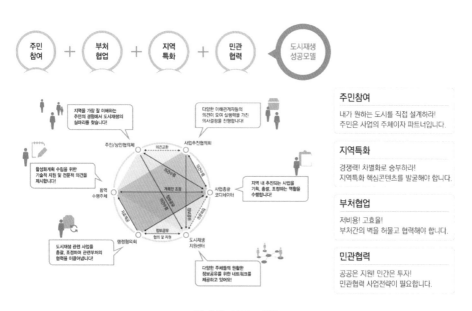

도시재생 성공 키워드

자료 : 도시재생종합정보체계(www.city.go.kr)

성화계획에 특화거리 조성 혹은 보행차도 개선 등이 포함되어 있다면 사업진행은 도로 관련 부서에서 담당하게 된다. 도시재생활성화계획상의 사업절차도 중요하지만, 사업계획 수립 시 타부서와 협의가 선행되지 않는다면 사업추진에 문제가 발생할 수밖에 없다.

셋째, 지역의 매력을 살릴 수 있는 지역특화는 도시재생의 필수적인 요소나. 도시재생의 시자은 기존 전면철거 방식의 문제를 해결하기 위함으로 볼 수 있다. 노후화된 건물, 건조물 등을 철거하고 아파트 중심의 주택이 공급되며, 지역의 고유성·장소성이 훼손되던 사례는 주변에서 쉽게 발견할 수 있다. 하지만 최근 과거에 대한 중요성이 부각되며 지역이 지녀왔던 역사와 이야기에 대한 관심이 늘어났다. 이러한 관점에서 지역의 매력도를 높이기 위하여 다양한 역사문화자원을 활용한 도시재생이 곳곳에서 이루어지고 있다. 예를 들어, 도시재생 선도지역으로 선정되며 도시재생사업이 시작되었던 창신·숭인에서 백남준 선생님의 이야기를 중심으로 하는 스토리텔링이 이루어진 것도 지역자산을 활용한 '지역특화'에 해당된다고 볼 수 있다.

넷째, 도시재생의 지속가능성을 담보하기 위한 민관협력이다. 도시재생사업은 국비로 진행되는 마중물사업, 부처협업사업, 지자체사업, 민간투자사업 등으로 구성된다. 마중물의 개념과 같이 사업 초기 분위기를 띄우는 역할은 국비로할 수 있지만, 사업이 지속되기 위해서는 민간이 관심을 가질 수 있도록 민간과의 적극적인 협력과 연계가 필요하다. 즉, '공공은 지원! 민간은 투자!'의 원칙 아래 민간이 도시재생사업에 관심을 가지고 참여할 수 있도록 공공에서는 행 · 재정적 인센티브를 제공하는 것과 같은 적극적인 지원이 필요하다. 하지만 이때 간과하지 말아야 할 부분이 민간은 기본적으로 영리추구를 최대의 원칙으로 삼고 있다는 점이다. 아무리 도시재생사업이 공공성을 담보하고 있지만, 민간의 희생을 강조하며 참여를 유도하는 것은 기본적인 사회적 합의에 배치되는 개념이다.

여러 가지 상황에 따라 도시재생이 지금까지와는 다른 위기상황에 직면할 수 있다. 하지만 위기일수록 기본에 충실하라는 말과 같이 도시재생의 지속가능성을 담보하기 위해서 무엇이 필요할까?

기본적으로 '사람 중심'의 원칙 아래 다양한 주체들을 발굴하고 자생력을 담보할 수 있도록 지원을 해야 한다. 무수한 관계맺음을 통해 소위 협의체라 불리는 다수의 지역주체를 발굴하고, 이 지역주체가 국비지원 이후에도 자리를 잡을 수 있도록 지원이 필요하다. 이것은 결국 도시재생 뉴딜사업에서 강조하고 있는 '지역 일자리 창출' 및 '지역활성화'와도 직접적으로 관련된다.

다만 지역에서 아무런 준비 없이 민간이 관심을 가지고 지역에 투자해 주기를 바라는 것은 어떻게 보면 암묵적으로 인정하는 사회적 합의와도 맞지 않다. 짧다면 짧고 길다면 길다고 볼 수 있는 도시재생사업의 마중물사업 기간 동안 다양한 실험을 통해 이후에도 자생력을 가질 수 있도록 잠재력을 키워야 한다. 창업을 준비하는 많은 사람들이 성공보다 실패를 많이 겪는 것과 같이, 지역에서 이루어지는 실험이 성공할 수도 있고 실패할 수도 있다. 하지만 실패도 나중의 성공을 위한 배양분이 되는 것과 같이, 실패의 경험도 성공으로 이어질 수 있도록 연결고리가 만들어져야 한다.

도시재생이라는 말 속에 도시가 들어가며 커다란 이야기만 하는 것이 정답처럼 보일 수 있다. 하지만 결국 도시재생은 쉽게 말해 쇠퇴한 지역Region을 과거와 같이 활기차고 즐거운 곳으로, 도시보다는 작은 단위인 지역에서 일어나는 것이다. 도시재생을 통해 지역에 오랜 기간 살아왔던 사람들이 앞으로도 과거와 같이 어쩔 수 없이 떠나지 않더라도 행복하게 살아갈 수 있도록 하는 것이 필요하다. 이러한 관점에서 삶터 · 쉼터재생도 필수적이지만, 지속성의 관점에서 일터재생도 반드시 고려되어야 한다. 즉, 지역재생의 역할과 범위를 다시 한 번 심도 있게 고민하며, 도시재생의 지속가능성을 담보하기 위한 사회적경제조직과 도시재생기업의 사례를 통해 도시재생을 스케일업Scale-up할 수 있는 방안을 제안해 본다.

제 2 편

도시재생경제조직의 사업화
(지역공동체조직의 사업화)

도시재생을 통한 지역경제 성장과 조직화라는 것이
하다 보면 되겠죠?

글쎄요, 도시재생 사업지원이 끝나도 계속하게 될지는 …

제 1 장

도시재생경제조직을 파악하자

과제

도시재생경제조직을 시작하는 세 가지 이유를 명확히 하자.

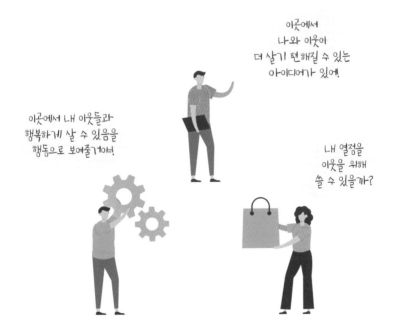

이곳에서
나와 이웃이
더 살기 편해질 수 있는
아이디어가 있어!

이곳에서 내 이웃들과
행복하게 살 수 있음을
행동으로 보여줄거야!

내 열정을
이웃을 위해
쓸 수 있을까?

동기부여는 지속할 수 있는 원동력이다

시작하는 이유를 명확히 하자

도시재생대학이나 공동체 조직화에 참여하는 분들에게 왜 도시재생에 관심을 보이는지 물어보면 꽤 다양한 이유가 나온다. "나이가 들고 혼자가 되다 보니 남을 위해 뭔가를 하고 싶어서", "친한 친구와 불편한 점에 대한 아이디어를 만들었는데 어떻게 써야 할지를 몰라서" 또는 자식이나 배우자인 가족보다 이웃이 더 가깝다 보니 그들과 오래오래 그 지역에서 살고 싶어 삶의 질을 개선하고자 관심을 갖게 되었다.

이렇게 도시재생경제조직 혹은 지역공동체 경제조직에 발을 늘이는 동기를 크게 세 가지로 나누어 보면,

① **지역이 좋아야 나도 좋다** 나와 지역을 일치시킨다는 것은 사회적 공감 능력이 매우 뛰어남을 의미하며 이는 소수에 불과할 수도 있다. 하지만 지역에 대한 순환 체계와 기존의 방식을 변경하려는 의지가 강하여 조직화와 사업화 과정을 직접 주도하고자 하는 성향을 나타내기도 한다.

② **지역문제에 대한 아이디어를 가지고 있다** 이들은 우리만 아는 지역의 문제점에 대해 도움을 받아 해결할 수 있는 해결책을 개발하고, 지역에 긍정적인 분위기를 만들고 싶어 하는 경우가 많다. 이들은 단순히 지역 활성화를 벗어난 이익창출을 꿈꾸기도 하나 이를 위한 경영에 필요한 조직의 역

량과 시장 잠재력을 위한 기술 등은 처음 접하는 경우가 많다. 아울러 처음에는 '친구 따라 강남 온'듯 무심해 보이기도 한다.

③ **사회적 가치를 위한 열정을 펼치고 싶다** 열정을 가진 이들은 모든 일에 적극적이다. 스스로 동기부여가 가능하고 자신감도 있다. 이 열정을 가치 있는 일에 쓰고자 하는 신념이 있어 외부의 통제에 거부감을 보이기도 하고, 함께하는 주민들에게 자신과 같은 열정을 바라기도 한다. 하지만 당장 조직화나 사업화를 위한 준비가 무엇인지 알지 못하는 경우가 많으므로 정보교류와 보완할 수 있는 사람들과 같이 시작하는 준비의 중요성을 공감하는 것이 필요하다.

④ **기타** 유독 하나의 사업유형에서 많이 만날 수 있는 이유로 얘기되는 것으로서, 자신의 사업체를 가지고 있는 창업가로서 조직화를 하려고 한다. 즉, 영리형 비즈니스를 잘 알고 있으며 겸직이다. 이 경우 조직화한 팀에 크게 관심을 가지지 못할 가능성이 있으며, 지역의 생태계보다는 자신의 사업체에 이익이 오는 것에 더 관심이 많을 수 있으므로 경계해야 한다. 개인의 사업체와 지역의 생태계가 서로 원원할 수 있는 방향을 지역과 같이 모색할 필요가 있다.

이에 유형이 모두 정해지는 것은 아니므로 상황에 따라 다를 수도 있다. 이들은 모두 자신만의 시작동기와 가치창출에 뜻이 있지만, 지역이 가지고 있는 경제적 장점과 지역주

난 지역의 환경문제를 해결하면서
경제적 가치도 창출할 거예요.

난 그냥
옆집 아주머니
따라하려고요.

맞아요.
지역이 살아야
우리도 살죠.

경영이라면 자신있어요.
내 능력을 써줘요.

민과의 연계성을 알고 시작하는 것이 경제조직의 설립에 도움이 된다.

도시재생경제조직은 창업, 사회적경제, 도시재생, 세 가지를 모두 포함하고, 기술 역시 포용하는 융합의 형태를 지향한다. 일반적인 창업조직이 아니라 지역형의 사회적경제조직과 도시계획에 기반한 도시재생을 제대로 이해하지 못하면 지역에서의 경세조직 역할을 오해할 여지가 있다. 처음에는 쉬워 보일 수도 있으나 시간이 지날수록 이를 제대로 파악하고 시작하는 경우와 그렇지 않은 경우의 차이가 성과로 나타난다고 전문가들은 말한다. 또한 경제조직의 시작과 유지를 위하여 전문가의 도움을 받되 지역경제조직을 잘 이해하는 전문가가 필요하다.

이들이 가진 신념과 강점을 실현시키기 위하여 제일 먼저 지녀야 하는 것은 자신만의 동기다. 그 동기를 찾았다면 이제 다음 단계로 나아갈 준비가 되었다고 할 수 있다.

이제 나의 관심사, 지역과의 연계, 우리만의 사회적 가치 창출이라는 이정표가 생겼으므로 조직을 만들어가는 준비와 발전해 나가는 여정은 매우 매력적일 것이다.

준비운동은 철저히
열정과 행동을 구체화하자

　도시재생경제가 무엇인지, 조직화가 무엇인지, 공동체 사업의 관리와 운용이 무엇인지 모른다고 너무 걱정하거나 두려워할 필요는 없다. 이를 위한 지원센터들이 이미 지역마다 설립되고 다양한 협력체계로 지원하고 있으며, 지역자원들 역시 데이터로 구축하기 위한 노력이 이루어지고 있다.

　다만, 지원은 의미 그대로 지원일 뿐 개인과 함께할 사람들의 역량과 지속적인 기술, 그리고 정착과 성장방법의 모색은 스스로의 노력이 필요하다.

　참고할 사항으로 도시재생경제조직으로서의 사회적경제조직은 '공간'을 활용할 아이템을 가진 조직을 의미하는 경우가 많다. 공간 활용이 아닌 경우는 주거환경개선(집수리 등) 아이템을 가진 공동체로서, 이는 일반 사회적협동조합과 같이 인가부처가 기획재정부가 아니라 '국토교통형'으로 국토교통부에서 인가를 하고 있다. 즉, 사회적경제조직을 위한 사업 대부분은 사회적경제지원센터에서 지원하는 경우가 많다.

　지역경제조직을 꾸리기 위한 구체적 준비를 아래 질문*으로 시작해 보는 것이 좋다.

＊　빌 올렛(2015), 스타트업 바이블, 비즈니스북스, 재구성

- **지식** 도시재생은 무엇이며, 조직화의 특성을 알고 있는가? 나는 이를 위한 어떤 경력을 가지고 있는가?

- **네트워크** 지역에서 비슷한 경험으로 지원이 가능한 네트워크를 잘 알고 있는가? 이를 도와줄 전문가를 잘 알고 있는가? 다른 지역의 성공사례를 공유할 네트워크를 가지고 있는가?

- **자본** 자금조달을 위한 방법은 잘 알고 있는가? 출자금에 대한 개념과 이용에 대해서 잘 알고 있는가?

- **경험 혹은 역량** 지역에서 문제점을 해결하는 일을 한 경험이 있는가? 내가 문제점을 찾고 해결한 적이 있는가? 내가 잘하는 일인가?

- **관심사** 지역의 문제점을 해결하거나 지역을 발전시킬 아이디어는 어떤 분야인가? 그 분야에 우리의 관심이 집중되어 있는가?

- **사명감** 나는 내가 아닌 우리와 지역을 이해하고 함께하기 위해 새로운 도전을 할 준비가 되어 있는가? 이를 위한 노력과 시간을 기꺼이 투자할 각오가 되어 있는가? 내가 하는 일이 나와 함께할 가족과 지역의 발전에 기여하는 최대의 목표라고 생각하는가?

주로 우리보다는 개인의 관심사에 대한 문제점을 해결하기 위해 조직을 시작하는 경우가 많다. 이는 매우 일반적인 것이며, 혼자가 아닌 우리가 더 나은 지역을 만들 수 있음을

우리 지역에서는
환경과 돌봄, 청소년 문제가
중요하지

난 환경, 돌봄, 청소년 문제 중
어떤 것과 관련된 네트워크와
잘 연결되어 있지?

난 환경, 돌봄, 청소년 문제 중
어떤 분야의 자금을
잘 활용할 수 있지?

내 경력은
환경, 돌봄, 청소년 문제 중
어떤 것과 관련이 있지?

난 환경, 돌봄, 청소년 문제 중
어떤 아이디어를
잘 키워나갈 수 있지?

인지하고 있기에 지역경제조직화와 사업화를 시작하는 것에 자부심이 더해진다고 먼저 시작한 선배들이 경험담을 전한다.

일반적으로 창업 분야에서는 개인적인 관심이나 문제해결을 위해 개발된 아이디어나 기술이 다른 사람과도 공감을 이룬다는 것을 깨닫는 경우가 많은데, 이를 '사용자 창업'이라고 한다. 여기서 도시재생 경제조직화의 가장 중요한 핵심은 '공감Sympathy'이라 할 수 있다. 주민이 이룬 경제조직이 그 지역에 소비와 지원의 선순환을 이루고, 혁신적인 기술이나 전문성이 미흡한 조직일수록 아이디어를 구체화시켜 지역주민들의 공감을 이끌어내는 것이 그 사업화의 정착과 현상유지(지속성) 여부를 판가름한다.

내가 아닌 우리
사업화는 지역팀이 중심이다

도시재생경제가 무엇인지 조금 알기 시작할 무렵 대부분 조직과 사업화를 동시에 진행하게 된다. 이때 경험하는 필수과정 중 하나가 그리 친하지 않은 이웃들과도 팀을 이루는 작업이다.

조직의 사업화는 이웃을 더 이상 이웃으로만이 아닌 같은 사명감을 가진 사업 파트너로 인지하는 것이 매우 중요하다.

조직화를 준비하면서 함께할 수 있는지에 대한 성장통을 경험하게 되고, 사업화를 준비하면서 파트너로서의 역량과 지속성에 대한 전쟁이라 불릴 수 있는 과정을 경험하게 된다. 첫 파트너가 계속 유지될 수도, 바뀔 수도 있다. 이것은 창업에서 '진화'라고 불리는 매우 당연하고 필요한 과정이다.*

　중요한 것은 어떤 미션과 목적을 우선시할 것인가, 어떤 결과를 이루어낼 것인가, 개인과 우리의 행복추구를 위한 지역 생존과 발전에 집중하는 것이다.

　이에 사업 파트너와 거버넌스 구성은 사업화에서 핵심요소 중 하나이며, 개인보다는 팀을 기반으로 한 사업화가 성공률이 높다는 사실이 여러 보고서와 연구에서 검증되었다.

* 　빌 올렛(2015), 앞의 책, 재구성

방향과 신뢰가 중요하다

경제조직의 유형에는 여러 가지가 존재한다. 그중 고객이 지역고객으로 한정되는 경제조직은 명확한 사업의 방향성과 지역 내의 신뢰구축을 위한 계획을 세울 수 있어야 그 지속성을 얘기할 수 있을 것이다.

도시재생경제조직은 주민과 주민 사이의 관계가 돈독해야 하므로 지역사회의 미션에 맞는 정당성을 가지고 계획을 이행하는 것이 중요하다. 특히 사회적협동조합이나 마을기업은 지역에 대한 미션이 다른 조직유형보다 제도적으로 조

미션과 가치 창출 경제적 지표가
객관성을 띠는 게 중요해

우리 지역에서 수행할
미션과 비전이
가장 중요해

금 더 고려되어지는 면이 있다.

첫 번째 과제는 개인과 지역을 위한 이해를 통해 미션과 목표의 우선순위를 결정하고, 이를 기반으로 비즈니스 모델을 구축하는 것이다. 이를 위해 지역 내 주민들의 공감형성과 지역의 특성에 대해 구체화하고 검증하는 과정이 필요하다.

그다음은 한정된 지역자원과 예산을 고려해 볼 때 지역경제조직의 수를 제한할 필요성이 있다. 따라서 제한된 숫자를 넘긴 기존의 경제조직은 다른 유형으로 전환이 필요하다. 이를 위한 준비는 지역사회의 거버넌스 기반으로 좀 더 세분화되고 검증할 수 있는 단계를 밟아나가는 것이 중요하다.

이런 과정들은 한정된 자원과 시간으로 최대한의 가치창출과 성과를 이루어내는 과정이다. 단계마다 집중해야 하는 요소를 정의하고, 실패의 좌절이 아닌 실패를 통한 학습을 기반으로 성공할 수 있는 과정을 찾아가야 하는, 우리가 도전해야 할 과제일 것이다.

제 2 장

무엇을 어떻게
변화시킬 것인지 정하자

과제

하나하나 구체적으로 정의하는 일에 착수하며 이들을 융합하여 목표에 맞게 수립해 보자.

눈, 코, 입 하나하나 볼 수 있는
안경은 찾았는데,
눈, 코, 입이 어울리는지
한번에 보이지는 않네.

지역 특징, 고객, 시장이
한눈에 보여야 하는데...

지역 조직화에 필요한 자세
0(zero)의 중요성

지역공동체 조직화와 사업화를 위해서는 어떤 마음가짐을 가져야 할까? 창출이란 의미가 영리적이든 비영리적이든 결과가 '많아진다'라는 의미인가? 우리는 도시재생과 사회적경제의 만남에 어떤 결과를 희망하고 있는가?

$$\text{'--'} + \text{'+'} = 0$$

'−'가 의미하는 것은 여러 가지일 수 있다. 이것은 비단 취약계층만을 뜻하는 것이 아니다. 인구절벽에 따른 고령화로 인한 생산력 감소와 가족이란 개념의 변화에 따른 독거가 증가하는 사회현상도 포함이 될 수 있다. 그 어느 누구도 피해갈 수 없는 질문이 있다.

"당신은 은퇴를 하고서도 살아온 만큼을 더 살게 될지도 모른다(의료의 발달로). 남은 시간을 좀 더 건강하고 효율적으로 살아가는 방법을 찾아야 할 것이다. 마치 연식이 있는 차를 더 운행해야 하는 상황인데, 그 차의 연비를 높일 수 있는 방법을 찾는 일처럼. 그럼 무엇으로 연비를 높일 것인가?"

‘+’는 금전적 결과가 될 수도 있고, 행복을 추구할 수 있는 사회적 가치가 될 수도 있다. 하지만 ‘−’를 채워주는 것이 단순히 형광등을 갈거나 일시적인 끼니 해결 등의 대응으로 모면하는 차원으로는 힘들다. 나와 우리가 함께하는 공간과 사회를 건강하게 유지하기 위한 ‘+’는 그 지속성을 보장할 수 있어야 한다고 꾸준히 제기되고 있다.

　고령화 사회의 진입과 가족개념의 변화로 인간의 욕구 단계를 설명한 매슬로의 욕구이론Maslow's Hierarchy of Needs 5단계 중 1, 2단계를 위한 조직을 만드는 것이 더 필요해졌다. 더불어

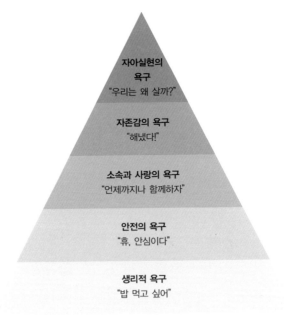

매슬로의 욕구이론 5단계

출처 : 스티브 올셔(2014), 무엇이 당신을 최고로 만드는가, 인사이트앤뷰, 재구성

우리가 진행하는 조직화로 3단계 사회적 욕구의 소속감은
자연적으로 해결될 수 있을 것이다.

이를 위하여 <u>현재의 지역과 주민에 대하여 하나하나 구체
적으로 정의하는 일에 착수하며, 이들을 융합하여 목표에 맞
게 수립하는 과정이 중요한 첫 단계다.</u>

도시재생과 사회적경제는 일정한 공간에서 사람들이 살
아가는 동안 연비를 높이는 수단이라고 생각한다. 그렇다 보
니 결과가 간단하게 보이지 않아 '고맙다'는 말보다는 '어렵
다, 힘들다, 그만하자' 등의 부정적인 말이 더 많이 들리기도
한다. 하지만 외형이 바뀌었다고 오랜 시간 쌓인 지역의 문
화와 삶들이 완전히 사라지기는 불가능하다. 변해가는 환경
에 맞추어 가장 건강하게 살아갈 수 있는 방법을 함께 만들
어가는 것이 우리가 행복해지는 최적의 방법일 것이다. 이를
위해 경제조직을 함께 준비하는 것 아니겠는가.

여기서 얘기하는 '0'은 균형을 뜻한다. 지역사회가 희망하
는 커뮤니티 비즈니스의 경제는 범위의 경제라고 정의되고
있다. 지역경제의 선순환 생태계는 넘치는 것이 아닌 적정수
준의 지역사회의 미션을 수행할 수 있는 경제조직을 중심으
로 조성되는 것을 요구하고 있다. '+'를 하고자 하는 사람은
사회적 미션과 경제적 미션을 동시에 수행해야 하는 '자신과
의 싸움에서 이겨내야 하는 것'일 수 있다. 이것은 내가 아닌
우리로 시작하는 일이 그리 순탄하지만은 않은 것임을 짐작
하게 하지만 필요한 것이기에 도전해야 하는 과제다.

조직에 대한 세 가지 오해

도시재생경제조직의 발굴은 지역경제 생태계에 영향을 미친다. 그 조직 구성이 기존 기업과 어떻게 다른지 또는 정확하게 무엇을 살펴봐야 하는지 고민할 때 발생하는 오해가 있다.

오해 1. 좋은 이웃은 좋은 사업 파트너다?

결론부터 말하자면 이웃과 파트너는 미션 수행에 대한 가치관은 맞더라도 경영 방식이 다르고 수익이 창출되어야 하므로 구성 요건이 달라야 한다.

지역에서 경제조직은 나름의 시장을 개척하는 작업이다. 또한 사업의 방향이 지역의 가치창출뿐만이 아닌 유료고객의 확보를 위한 자원에 집중하여야 하므로 단순히 이웃과의 문제해결 논의를 넘어선 시장에 대한 논의를 위한 절차를 따라야 한다. 말 그대로 사업성을 같이 볼 수 있어야 한다는 의미다. 이것을 위해서는 사업을 하면서 서로를 알아갈 시간이 필요하며, 좋은 이웃이 가진 역량과는 또 다른 것이다.

가장 중요한 것은 지역의 문제해결을 위해 우리가 무엇을 할 것인가에 대해 올바른 질문과 이를 같이 행할 수 있는 팀이다. 앞에서도 언급했듯이 팀의 구성원이 우리의 이웃이므로 서로에 대한 배려와 신뢰가 매우 중요하다.

따라서 사업에 대해 너무 크게 기대하지 않고, 실패하더라도 서로에게 책임을 묻지 않는 자세로 첫발을 떼야 한다. 다소 시시한 아이템으로 시작하더라도 가치창출과 운영수익 창출을 함께할 수 있는 파트너로 신뢰를 쌓아가며 팀을 구성하는 것이 좋다.

사업을 시작할 때 서로에게 물어보면 도움이 되는 질문이 있다.

"우리는 어떤 문제를 해결하려 하나요?"

"우리는 왜 이 사업을 하는 걸까요?"

이런 질문들이 우리에게 사업을 운영하고 진행할 수 있는 비타민이 될 것이다.

오해 2. 사업성이 있는 제품이면 된다?

보통 '어디어디서 무엇을 하니 잘된다더라'라는 소문으로 아이템을 결정하려는 경우가 많다. 안타깝게도 이런 아이템들은 지속적인 마케팅 및 차별화된 기술력이 필요할 가능성이 높고, 시작자본은 물론이고 거대 자금조달과 기술개발이 필요한 경우가 많다.

조직의 유형과 한계성을 고려했을 때, 미션과 목표와 연결되고 대기업이나 중소기업이 사업이윤이 크지 않아 도전하지 않는 시장을 찾는 것이 더 합리적이다. 아울러 미션과 목표에 대한 객관적 측정이 이루어질 수 있어야 지역의 신뢰성을 확보할 수 있으므로 사업성의 예측뿐만이 아닌 이로 인해 증가되는 다른 현상(데이터)의 상관관계를 고려하여 측정지표를 보여주는 것이 좋다. 예를 들어 돌봄에 대한 예산감소와 지역에서 일어나는 소송 증가의 상관관계, 혹은 가지치기의 예산감소와 해충의 증가율의 상관관계 등을 살펴볼 수 있다(실제로 이를 해결하기 위해 나온 아이템이 있다). 창업을 시작할 때 전문가들이 말하는 마음가짐은 '최소한의 자본으로 빨리 실패하여 그 학습을 통한 재도전'이다.

이를 위해서는 개인과 조직이 가진 사업화 역량을 냉정하게 살펴보는 것이 중요하다. 냉정하게 분석한 뒤에는 미흡한 부분은 지역자원과 연계해 보완할 수 있는 수단을 찾아보는 것이다.

오해 3. 지원을 해주면 경제조직은 지속가능하다?

자금조달은 조직의 생존 성패에 있어 영리추구형의 일반 기업이든 도시재생경제조직이든 모두에게 매우 중요한 문제다. 하지만 미션을 우선시하는 지역형의 도시재생 경제조직은 자금조달에 있어서 영리형의 일반 기업과 동등한 전략으로 기업의 전략을 융합하는 방법만으로는 근본적인 조직의 존재 이유를 무시하는 실수가 일어날 가능성이 있다.

도시재생경제조직은 말 그대로 지역의 문제를 해결하고 상생 발전을 도모하는 데 그 뜻이 있으므로 지역 내의 자산을 잘 활용하고 지역주민과의 관계를 잘 구축하는 것이 전략적 목적에 부합할 가능성이 크다.

단, 도시재생경제조직 중 지역 중심의 공동체 경제조직에서 지속가능성이란 표현은 '적정 수익창출', 즉 운영 중심의 '현상유지'가 합리적일 것이며, 지역 내 주민과의 관계를 우선으로 경영에 도움이 되는 자산에 대한 파악과 이를 활용할 전략 수립이 중요하다. 이것이 선행된 이후, 운영에 미흡한 부분에는 지원이 적용되어야 현상유지가 가능할 것이다.

내 아이디어에 관심을 보이는 이를 파악한다

우리의 오해 중 하나가 내가 불편한 것은 남도 불편할 것이라는 생각이다.

이 질문에 대한 답은 그럴 수도 있고 아닐 수도 있다. 사업화는 우리의 아이디어를 구현한 아이템을 나뿐만이 아닌 타인이 만족하며 사용할 수 있도록 하는 것이다. 그것도 금전적 보상을 받으면서.

이때 아이템 개발과 판매에서 가장 중요한 것은 주민이 다른 주민들의 이해를 도모하여 이루어내는 공감 형성이라 할 수 있다.

아이템이 개발된 이유에 대해 고객과 많은 공감을 이루려는 노력과 고객이 가장 만족해 하는 아이디어를 선별한 뒤 가장 쉽게 팔 수 있는 고객군을 선정하는 것이 중요하다. 이를 거점 시장 혹은 타겟 시장Target Market이라고 부른다.

이것은 사업의 시작점을 표현하는 용어이며, 여기서부터 출발하여 차츰 지역 전체로 넓혀가는 작업이 필요하다. 다만 지역의 문제 해결이라는 미션과 가치만으로는 고객의 관심을 끌어내기는 힘들 수도 있다. 따라서 출발지점인 거점 시장에 많은 에너지와 열정을 쏟아 신뢰를 얻고, 고객 사이에서 아이템의 만족도를 높이도록 노력하면 지역 특성상 입소문 마케팅Viral marketing에 의해 정착에 성공할 것이다.

사실 지역경제조직에게 시장경쟁력을 기대하기는 힘든 것이 대부분이다. 현실적으로 공동체 사업화 시 조직의 역량이나 구성의 한계, 그리고 지역문제 해결이라는 미션 수행이 우선이므로, 비즈니스 아이템의 경쟁력을 BCG 매트릭스*로 표현하면 일반적으로 아이템이 도그 혹은 캐시카우의 영역이 많다. 이에 조직의 성장은 기대하기 힘들며, 사업화 지식에 대한 체화과정, 즉 시간이 필요하다. 그러므로 창업가와 도시재생경제조직을 지원하는 기관이나 중간조직들은 한 번의 창업으로 지속가능성을 논하기보다는 처음부터 제대로 된 비즈니스 모델과 제품개발에 대한 이해와 학습, 시뮬레이션을 제공하고 창업가가 적은 금액으로 시작하여 실패하여도 큰 손실이 없도록 전략을 수립해야 한다. 또 실패의 이유를 분석하여 학습하고 빠르게 재도전할 수 있도록 노력하고 지원(플랫폼 구축)하는 것이 가장 중요하다고 전문가들은 말한다.

조직 구성원의 특성에 따라 다를 수는 있으나, 일반적으로 아이템이 낮은 시장경쟁력으로 출발하기 때문에 고객의 50% 정도는 지역의 기관이나 기업으로 구성되어야 운영을

---

* BCG 매트릭스는 자금의 투입, 산출 측면에서 사업(전략사업 단위)이 현재 처해 있는 상황을 파악하여 상황에 알맞는 처방을 내리는 분석도구다. 성장-점유율 매트릭스(Growth-Share Matrix)라고도 불리며, 산업을 점유율과 성장성으로 구분해 네 가지로 분류한다. 미래가 불투명한 사업을 물음표(Question Mark), 점유율과 성장성이 모두 좋은 사업을 스타(Star), 투자에 비해 수익이 월등한 사업을 캐시카우(Cash Cow), 점유율과 성장률이 둘 다 낮은 사업을 도그(Dog)로 구분한다.

유지할 수 있는 수익이 창출될 가능성이 높다. 따라서 지역의 기관과 기업은 논의를 통하여 정책 및 판로개척을 위해 협력할 필요가 있다. 이것은 선택이 아닌 필수요소로 다룰 필요가 있다.[*]

고객 만들기
특정 개인과 구매과정을 주시하라

앞에서도 강조한 바와 같이 사업화의 중심은 고객이다. 우리의 제품이나 서비스를 팔기 위해서는 그것을 살 특정 개인을 명확하게 아는 것이 매우 중요하다. 우리 제품의 주요고객, 핵심고객을 다른 말로 '페르소나'라고 지칭하는데, 이는 실존하는 사람으로 우리 제품을 사는 조건에 대하여 매우 구체적으로 프로파일을 작성해놓는 것이 좋다. 그리고 페르소나로 정한 한 사람을 목표로 두고 팀 전체가 그 고객의 만족도를 높이기 위해 나오는 목소리에 집중하는 것이 중요하다고 전문가들은 말한다.[**]

페르소나를 정했으면 우리 제품을 구매하기까지의 전 과정에 대한 행동을 관찰하고 추적하여 기록한다. 또한 시제

---

[*] 국토교통부(2021), ZOOM IN 도시재생-주민용, 재구성
[**] 빌 올렛(2015), 앞의 책, 재구성

품에 대하여 피드백을 받을 수 있도록 관계를 유지할 수 있어야 한다.

페르소나의 제품 구매과정, 즉 본 제품과 유사한 제품을 찾게 되는 동기, 사용, 제품의 가치발견, 지불, 구매, 재구매, 타인에게 추천 등의 과정을 통해 고객 확보를 위한 목표를 이룰 수 있도록 준비하는 것이 좋다. 아울러 고객이 제품 구매과정에서 어떤 지역자원을 활용하는지도 파악해 두면 좋다.

이렇게 페르소나의 행동을 추적하여 고객의 구매 특성과 선택에 있어 장애요소 혹은 도움요소를 분명하게 파악할 수 있다. 하지만 이것만으로는 모든 고객의 마음을 사로잡을 수 있는 요인들을 알 수는 없으므로 다양한 노력이 필요하다.

우리가 팔고자 하는 상품(서비스)을 제대로 알리자

　'백문이 불여일견'이라는 말이 있듯이 설명만으로는 제품
이나 서비스에 대한 가치를 전달하는 것에는 한계가 있다.
　대부분 지역의 문제해결을 위하여 개발된 지역 중심의 제
품이나 서비스는 기존에 이미 있거나 비슷해 시장경쟁력이
높지 않을 가능성이 크다. 따라서 제품의 기능이 지역사회에
어떤 가치를 이루어낼 수 있는지를 전달하는 것에 중점을 두
면 좋다. 우리 생각에는 아무리 좋은 가치를 가진 제품이더
라도 그것을 사줄 고객이 그 가치를 제대로 이해하지 못하면
그 제품은 시장에서 살아남기 힘들다. 고객들이 공감할 만한
문제가 무엇인지 파악하고, 그 문제를 해결할 수 있는 우리

제품의 가치를 전달해야 그 시장에서 쉽게 팔 수 있다.

기억해야 할 것은 고객이 제품(또는 시제품)이나 서비스를 체감할 수 있도록 보여주는 것이 좋다. 이 제품이나 서비스가 고객의 문제를 어떻게 해결할 수 있는지 설명해주는 것이 구매력을 높이는 데 도움이 된다. 이럴 때 간단한 리플렛이나 브로슈어 등이 좋은 도구가 될 수 있다.

다 알겠는데, 왜 이 가격이지?

말은 그만하고 숫자로 제시하라

막상 고객을 마주하고 영업을 해보면 우리 제품이 얼마나 편리하고 지역에 긍정적인 영향을 미치는지 설명을 해도 초반에는 대답 없는 메아리로 돌아오기 쉽다. 이때 필요한 것이 편리함과 기여 정도를 이해하기 쉽게 숫자로 제시하는 방법이다.

앞에서 정한 페르소나가 가장 중요하게 생각하는 질문에 대하여 현재와 미래를 숫자로 표현할 수 있도록 미리 준비하는 것이 좋다. 이때 수치화는 현재와 미래의 차이를 명확하게 보여줄 수 있어야 하며, 고객 개개인에게 맞는 가치를 전문적으로 제안하듯 표현하는 것이 좋은 방법이다. 또한, 오해의 여지가 없도록 분명하게 전달하되, 내용이 쉬워서 고객이 바로 이해하고 피드백할 수 있어야 신뢰성 확보에 유리하다.

가치는 현실적으로 실현할 수 있는 정도를 제안해야 신뢰 구축에 유리하다. 팀의 의사결정이 반영되지 않은 채 개인적 열정으로 과장된 표현이나 약속을 했다가는 그 결과에 대하여 책임지지 못할 수 있으므로 주의를 기울여야 한다. 지역 중심 경제조직은 주민, 즉 고객의 신뢰를 잃으면 향후 이를 보완하기 위하여 일반 기업보다도 더 많은 노력이 필요하므로 고객을 만나기 전에 많은 시간을 투자하여 준비하는 것도 좋은 방법이다.

첫 단추부터 제대로 끼운다
비즈니스 모델과 사업계획서는 다르다

일반적으로 비즈니스 모델을 설계하지 않고 바로 지원사업에 대한 사업계획서를 작성하는 경우가 빈번하다. 하지만 전문가들은 비즈니스 모델을 설계하는 것은 생각보다 더 중요한 단계라고 조언한다.

비즈니스 모델은 내가 어떤 제품을 누구에게 어떤 역량과 방법으로 어떤 파트너들과 함께 운영비를 예측하고 수익을 창출할 것이라는 비즈니스의 전반적인 틀을 표현하는 일종의 스토리텔링이라고 할 수 있다.

흔히 유사한 다른 제품의 비즈니스 모델을 그대로 사용하는 경우가 많은데, 우리만의 스토리텔링을 만드는 것은 매우 중요한 일이다. 영리기업에서도 기술적 우위보다는 비즈니스 모델의 혁신이 더 많은 수익과 가치를 창출한다고 검증되었다.

이처럼 비즈니스 모델을 설계하는 것은 도시재생경제조직의 현상유지와 이후의 성장에 큰 영향을 미친다. 자칫 비즈니스 모델이 수익 모델을 표현하는 것이라고 오해할 수 있지만, 비즈니스 모델은 수익 모델의 상위개념이다. 도시재생경제조직은 사회적가치 창출에 대한 운영도 포함되기 때문에 사회성과 경제성에 대하여 신중하게 설계하는 것이 중요하다.

도시재생경세조직은 기존 영리기업의 비즈니스 모델이 아닌 각 조직별 유형에 맞는 비즈니스 모델을 설계하는 것이

같은 말만 하지 말고
자세히 얘기해 봐요.

현실성 있게,
체계적으로.

그러니까...
우리는 사업을 할 거예요.
잘할 거예요.

중요하다. 또한 마케팅 및 전략 파트너 역시 실현 가능한 적정 방법을 모색하여 비즈니스 모델을 설계하는 것에 많은 시간을 투자할 필요가 있다.

조직을 위한 비즈니스 모델 개발에는 비즈니스 모델 캔버스의 모든 블록들을 사용하지 않고, '군더더기 없는 프로세스'라는 뜻의 린 프로세스 개념에 따라서 비즈니스 캔버스 모델을 변경하어 사용히는 것도 좋다.

린 캔버스는 고객세분화가 중요하지 않고 지역문제점에서 시작하여 문제 해결방안 제안과 해결하기 위한 채널, 비용구조와 예상 수익 순으로 시작하며, 창업가가 순차적으로 수립하는 것이다.

여기서 중요한 것은 마을기업과 사회적협동조합 등의 지역 중심의 공동체 경제조직의 비즈니스 모델은 린 프로세스로 시작하되, 제도와 조직유형, 즉 5인 이상의 구성원과 비영리형의 성격을 가지고 운영 위주의 적정수익창출을 지향하는 특성을 반영하여 작성 순서를 ①문제 → ②고객군 → ③고유의 가치 제안 → ④해결책 → ⑤채널 → ⑥운영 비용 → ⑦수익 구조 → ⑧핵심 지표 → ⑨일방적 경쟁우위로 하는 것이 효율적이다.*

사업계획서에는 비즈니스 모델을 기반으로 사실에 근거한 자료들을 제시할 수 있어야 한다. 여기에는 문제제기부터

---

* 　김지영(2021), 지역경제조직 워크북, 미세움
　　국토교통부(2021), 앞의 책, 재인용

공동체 비즈니스 모델 캔버스
지역형 공동체 경제조직: 린(Lean) 캔버스 모델

1 **문제**: 지역의 현실적인 문제점을 도출하되, 조직의 미션 · 비전을 연계하여 설명한다.

2 **고객군**: 한정되므로 세분화보다는 카테고리화한다. 현실을 반영하여 크게 지원기관과 주민으로 구성하고, 각각에 맞는 핵심 메시지 전달방법을 찾는다.

3 **고유의 가치 제안**: 조직의 미션과 비전을 기능적으로 간략하게 표현한다.

4 **해결책**: 현실적인 문제 해결방법으로 제품 혹은 서비스를 명시한다.

5 **채널**: 고객에게 제품이나 서비스의 전달방법과 매출 연결방법으로 지역과 연계하여 지역경제조직과 지원기관 중 도움을 줄 수 있는 방법을 같이 설명한다.

6 **운영 비용**: 사업 운영에 필요한 직접, 간접비용을 설명한다.

7 **수익 구조**: 비용 구조에 맞추어 수익의 발생원과 지속성, 1차 및 2차 수익 발생 프로세스를 다른 요소들과 연계하여 설명한다.

8 **핵심 지표**: 사업의 합리적 · 효율적 운영과 성공을 수치로 제시하며 구체적으로 설명한다.

9 **일방적 경쟁우위**: 지역의 미션과 가치를 연계하여 자사의 제품을 선택하게 만들 특장점을 설명한다.

81

공동체 비즈니스 모델 캔버스
지역형 공동체 경제조직: 린(Lean) 캔버스 모델

사회적 가치 창출 대 경제적 가치 창출 비율
예) 사회적 협동조합 · 마을기업= 초기 7 : 3 → 중기 6 : 4   협동조합 · 사회적기업 등= 초기 5 : 5 → 중기 4 : 6

문제	해결책	고유의 가치 제안	일방적 경쟁우위	고객군
가장 큰 세 가지 문제	가장 중요한 세 가지 기능	제품을 구입해야 하는 이유와 다른 제품과의 차이점을 설명하는 알기 쉽고 설득력 있는 메시지	다른 제품이 쉽게 흉내낼 수 없는 특징	목표 고객
	핵심 지표		**채널**	
	측정해야 할 활동		고객 도달 경로	

운영 비용
고객 획득 비용, 유통 비용, 호스팅, 인건비 등

수익 구조
매출 모델, 생애가치, 매출, 매출 총 이익

82

고객을 선정하고 거점 시장으로 삼은 근거에 대한 예측 혹은 실 데이터가 들어갈 수 있어야 하며, 비즈니스 모델에서 정리된 수익 모델과 운영 모델이 도식화되어 진행되는 것이 이해를 높일 수 있다. 즉, 비즈니스 모델로 전체 틀을 잡고 나면, 사업에 투자하거나 사업을 지원하려는 이들에게 조직의 사업을 검증되고 구체화된 데이터로 명확하게 인지시킴으로써 실현 가능성과 지속성을 보여주는 작업이라 할 수 있다. 사업계획서 작성항목과 내용은 다음과 같다.*

- **사업요약** 사업모델, 시장전망, 적용기술, 투자금액 등
- **회사개요** 일반현황, 주요연혁, 비전, 경영이념, 지식재산권, 재무현황 등
- **사업개요** 사업필요성 및 효과, 사업영역, 사업배경 및 방향, 비즈니스 모델 및 사업전략 등
- **제품 및 기술현황** 제품개요, 제품구성, 제품차별화 특성 및 효과, 제품 관련 기술과 기술우위성 등
- **시장환경** 시장현황, 시장규모, 시장전망, 경쟁현황, 고객동향, SWOT 분석 등
- **개발계획** 개발현황 및 방향, 개발인력 및 비용, 개발일정 등
- **투자계획** 사업장 및 시설공사, 설비 및 비품계획, 기타

---

* 빌 올렛(2015), 앞의 책, 재구성

아이템의 목적(필요성)
이 아이템으로 구현하고자 하는
목적과 해결 과정은?

아이템의 개발동기
이 아이템이 왜 필요하지?
이 문제를 해결하려고 한 동기는?

아이템의 실현가능성
사업화전략과 시장분석,
경쟁자 분석을 통한
차별화 전략

팀 구성
아이템을 사업화하기 위해
보유한 역량이자,
함께 사회적 가치 창출을 계획해 봐.

아이템의 성장전략
시장진입과 성과창출 전략,
투자유치와 정부지원금
활용 전략은 필수

투자계획 등

- **마케팅 계획** 마케팅 콘셉트, STP[Segmentation, Targaeting, Positioning] 전략, 4P[Price, Product, Place, Promotion] 믹스 전략 등
- **생산계획** 생산공정, 레이아웃, 생산계획, 구매계획, 품질계획 등 단계별 및 구체적 기재
- **조직 및 인원계획** 조직계획, 인력계획, 인건비계획 등
- **매출 및 이익계획** 내출계획, 제조원가계획, 비용계획, 추정손익계산서, 추정재무재표 등(재무 관련 수치는 반드시 산출근거 제시)
- **투자제안** 투자 포인트, 주식가치 산출, 투자제안(투자조건 및 투자회수 방안 등) 등

출발선을 정하라
어디서부터 시작할지 구체적으로 정하라

사업에 대한 전체 틀이 정해지고 나면, 이제 활동을 위해 정해진 미션과 목표달성을 위한 전략을 구체화하는 것이 매우 중요하다.

우리 제품이나 서비스에 대한 가격을 결정하고 판매에 드는 비용을 계산하여 수익창출을 수치화하는 작업이 필요하다. 그리고 영업 프로세스를 설계하여 단기, 중기, 장기적으로 정착할 수 있는 계획을 세워 고객의 만족도, 판매와 구매

를 위한 내부 교육 등도 설계하는 것이 실제 운영에 있어 큰 혼란을 막을 수 있다. 그리고 이 모든 전략은 상황에 따라 수정 및 보완이 지속적으로 이루어질 수 있어야 한다. 실제적인 운영에 앞서 팀이 가진 역량과 미숙함에 대해 직면하는 것은 전략수립에 매우 도움이 된다.

지역경제조직의 경쟁력으로는 운영비의 100%를 순수 B2C, 즉 지역고객에게서 창출하기가 힘들다. 현 상황을 명확하게 인지하고 처음에는 B2B(공기관 등)로 시작하여 차츰 넓혀가는 것이 좋은 전략이 될 수 있다.

이들 중 기존 고객 및 신규 고객 유치를 위한 마케팅 전략은 실현이 가능한 수준으로 수립하는 것이 좋다. 이를 위해

쉽다 쉬워 ∼∼
한 사람에게 다 적용해서
결론 낸다고
누가 알겠어.

이 사람에게는 긍정적이더라도
다른 이에게는 부정적일 수 있어.
서두르지 말고, 성질 내지 말고.

유사한 역량을 가진 조직의 전략을 벤치마킹하여 진행하는 것도 좋은 방법이 될 수 있다.

이제 사업운영을 위해 우선 예비 고객을 10명 이상 설정한다. 그들에게 가기 전에 미리 고객이 제품에 대해 던질 질문을 10개 이하로 예측해 질문지를 만들고 그 질문에 대한 우리의 답변에 고객이 어떤 반응을 보이는지 살펴보는 것이 좋다. 이때 한 사람에게 10개의 질문을 모두 확인하기보다 하나씩 하나씩 고객의 상황별로 살펴보는 것이 좋다. 고객이 만족스러워하지 않은 답변이나 제품기능에 대해서는 보완하고 다시 검증하는 작업을 하도록 한다.

바로 완성품?
테스트 제품부터 시작하라

고객을 만나러 갈 때 고객이 원하는 조건에 부합하는 시제품을 만들어 보여주는 것이 좋다. 완벽하게 디자인되지 않아도 기대에 부합하는 핵심기능을 가진 제품이면 된다.

핵심기능에는 고객과 공감한 문제를 해결하여 고객이 가치창출이 만들어질 수 있다고 여기게 하는 것이 좋다. 아울러 지역사회의 가치창출을 위한 활동을 분명히 보여줄 수 있다면 판매에 더 큰 도움이 된다.

마지막으로 고객의 추가 의사를 반영할 여지가 있는 시스템이나 프로세스를 갖추고, 전문가의 도움을 받아 지속적으로 개선해나가야 할 것이다.

이제 목표 고객들이 우리 제품이나 서비스에 대하여 기꺼이 지불할 의사가 있는지 확인하고 현장에서의 관심도와 사용과정에 대한 데이터를 수집하는 과정이 필요하다. 단지 '그럴 거야'라는 추측이 아닌 현장의 실제 근거 데이터를 기반으로 제품의 개선과 영업활동이 이루어진다면 지역의 신뢰와 안정적인 정착이 이루어질 수 있다.

한쪽만 사용하는 건
불편하다고 하셨죠?
그럼 이렇게 양쪽으로
사용하는 건 어떠세요?

좋네요. 확실히 양쪽으로
사용하니 편리하네요.
가능하다면 자동으로
돌아가는 것이 더 편하겠어요.

모든 것을 융합하여 설명하자

　지금까지 간략하지만 필요한 핵심요소를 살펴보았다.

　위의 내용들을 기반으로 현장의 데이터가 축적되면 분석을 통하여 지속성 강화를 위한 전략을 수립하거나 수정 및 보완할 수 있어 더 나은 계획을 만들 수 있다.

　그리고 중·장기적 계획 수립에는 모든 단계를 하나의 사업계획으로 정리하는 것이 좋다. 정리하다 보면 시장이 확대되거나 혹은 다른 시장을 재검토해야 할 수도 있다.

이제야 보이네.
미래도 같이 계획해야지
운영비 정도의 수익창출이라지만
쉽지 않지, 정신 차리자.

네가 운영하는 기업 말인데.
기업의 미션과 비전이 뭐야?

이 단계는 전체 사업을 명확하게 이해해야 진행할 수 있는 단계로서, 조직의 가치관이나 핵심역량에 대하여 다시 한 번 검토하여 정립할 수 있는 단계이기도 하다.

단지 지역 중심의 공동체조직은 수익창출 위주의 기업의 성장이 아닌 지역 중심 조직으로서의 지역 문제해결과 운영 중심의 현상유지를 목표로 전체 사업을 명료하게 그리는 것이 중요하다.

제 3 장

우리 조직(나)이 더 하고 싶은 것은 무엇인가?
- 스케일업을 위한 전략 -

과제

기회 범위를 확대하기 위해 스케일업 비즈니스 모델을 설계
해 보자.

도시재생경제조직을 시작하면서 그 설립이유와 운영을
위한 설계를 명확히 하고, 경영에 있어 지역의 경쟁력이 무
엇인지 알아보고, 창업에 맞는 프로세스와 예비 테스트를 진
행하여 지역에서 안정적인 정착과 지속운영이 가능할 수 있
는 발판을 만들기 위해 노력했다.

여기서 누구나 공감하는 문제 중 하나는 지역의 문제해결
과 경제 선순환이 목적인 경제조직은 아이템의 경쟁력이 약
하고 지원을 받아야만 하는 상황이며 고객이 한정되어 있다
는 것이다.

그럼 지역 내 경제조직은 무한대로 만들어질 수 있을까?

물론 몇 번의 실패를 겪고 다시 일어서지 못하는 조직도 생겨날 것이다. 그렇다 하더라도 지역 내에 몇 개의 경제조직이 지원을 받으며 운영이 지속될 수 있을까?

막상 사업화를 진행하다 보면 지역고객 위주의 비영리형 비즈니스보다 시장경쟁을 하며 수익을 창출하고 싶어 하는 조직원이 생길 수도 있다(사실 사회적협동조합이나 마을기업은 시장경쟁력이 낮아 운영비를 고려했을 때 개인의 임금을 낮게 책정하고 그 금액을 계속 유지하면서 지역사회적 가치를 창출하며 지원을 받는 것이 효율적일 수 있다). 도시재생사업은 그 유형(경제기반형, 중심시가지형, 일반근린형, 주거지지원형, 우리 동네 살리기 등)에 따라 조직원들의 특성이 다른 편이다. 즉, 이런 장점들을 살려 일정 시간이 지나면 새로운 경제조직을 위해 일부 기존 조직이니 조직원들이 기존 사업을 통한 학습을 기반으로 영리추구형으로 사업유형을 바꾸며 민간투자를 유치할 수 있는 전략을 설계할 수 있는 경쟁력을 갖추어야 한다. 이는 지역경제 차원에서 프레임과 전략을 함께 설계하고 도모할 수 있다면 좋은 모델로 성장할 수 있다. 그리고 가급적 지역주민이 조직원에 포함되는 것이 일자리창출 및 지역경제 생태계 순환에 긍정적인 영향을 미칠 수 있다.

이 장에서는 '기회 범위'의 확대를 중점으로 스케일업을 위한 비즈니스 모델 설계와 조직의 확대, 그리고 성장을 얘기하려고 한다.

언제까지 발품 팔며 홍보할거야!
고객이 참여하고 대화하도록 이끌자

코로나19는 고객들의 정보교류와 대화의 장이 온라인으

로 옮겨지는 데 5년 이상의 시간을 단축시켰다고 한다. 이제 사람 간의 대화는 온라인에서 이루어지고 제품의 기능부터 마케팅까지 고객이 참여한다. 이 데이터들이 쌓여 학습의 선순환이 이루어지고 그렇게 기업의 경쟁력으로 만들어진다.

플랫폼 비즈니스는 종종 적은 자본에도 큰 수익을 창출하는 것으로 알려져 있다. 단순히 제품의 기능을 구축하고 고객이 자신의 제품을 사용하도록 유도하는 대신 플랫폼은 고객과 기업 그리고 고객과 고객의 상호작용에 의한 생태계를 구축하는 데 유용하다. 이 생태계에서 고객은 단순히 제품이나 서비스에 대해 금전적 지불만 하는 것이 아니라 제품에 대한 가치를 제공하고 그에 맞는 가치(자신의 의견이 반영된 제품이나 네트워크 지원 등)와 간혹 금전적인 대가를 받는다. 이렇게 플랫폼의 가치는 사람들이 많이 사용할수록 증가된다.

플랫폼의 정의는 분야에 따라 달라질 수 있는데, 기술분야에서 플랫폼은 추가 프로그램이 구축되는 기본 소프트웨어일 수 있고, 미디어 산업에서는 유통 채널을 의미할 수 있으며, 마케팅에서 쓰일 때는 추가제품을 출시하는 데 사용할 수 있는 모든 브랜드 또는 제품 라인을 의미할 수도 있다.

플랫폼을 쉽게 정의하자면 '유형이 서로 다른 둘 이상의 고객 간의 직접적인 상호작용을 촉진하여 가치를 창출하는 비즈니스'다.* 플랫폼 유형은 크게 네 가지가 많이 알려져 있으며, 이미 온라인 공간을 빌려주는 유형도 있으므로 이를 이용하는 전략도 좋다.

금융거래 시스템 플랫폼
(페이팔, 삼성페이 등)

거래를 위한 공간을 제공하는 플랫폼
(쇼핑몰, 에어비앤비 등)

하드웨어나 소프트웨어 표준을 제공하는 플랫폼
(안드로이드, 애플의 iSO 등)

광고 지원 미디어 플랫폼
(페이스북, 유튜브 등)

* 빌 올렛(2015), 앞의 책, 재구성

당장 디지털화를 시작하자

질적인 발전과 양적인 성장을 위해서 세계적으로 디지털화의 변화가 일어나고 있다. 디지털화는 우리의 기회와 더불어 경쟁 범위와 방식을 변화시킨다. 비단 우리가 몸담은 산업만이 경쟁자가 아닐 수 있으며, 경쟁자라고 생각했던 분야가 지원자가 될 수도 있다.

디지털화는 우리의 미흡한 경쟁력을 네트워크를 통하여 보완할 수 있도록 도와준다. 디지털 기술은 우리가 데이터에 대해 생각하는 방식으로 세상을 가장 크게 변화시켰다고 해도 과언이 아닐 것이다.

기존(1999년대) 비즈니스에서는 데이터를 확보하는 데 비용이 많이 들고 저장하기 어려웠으며 다양하게 활용되지 못했다. 오늘날 데이터는 디지털화를 통하여 기업뿐만 아니라 모든 사람에 의해 광속으로 생성되고 있으며 데이터 저장을 위한 클라우드 기반 시스템도 저렴하고 쉽게 사용할 수 있는 환경이 조성되어 있다. 여기서 가장 중요한 것은 이런 방대한 양의 데이터를 귀중한 정보로 바꾸는 작업일 것이다.

디지털화를 통한 변화는 다섯 가지 영역인 고객, 데이터, 경쟁, 혁신, 가치제안으로 나누어 살펴볼 수 있으며, 각 영역에서 새로운 전략을 도출해낼 수 있다면 좋을 것이다.*

* David L. Rogers(2016), The Digital Transformation Playbook, Columbia Business School Publishing, 재구성

고객들이 서로 소통하게 만들어주자.
제품을 평가하고, 추천할 수 있게.

우리 브랜드를 공유하고
고객과 함께 제품을 만들어보자.

어리석긴.
우리가 협력할 게 얼마나 많은데.

우린 비즈니스 모델이 같아.
더 이상 가까워질 수 없겠어.

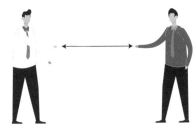

이젠 다른 비즈니스 모델을 가진 기업이 경쟁자야.
어제의 파트너가 오늘의 경쟁자가 되는 거지

이젠 데이터를 모을 수 있어.
이것을 분석해서 시장을 예측하는
것이 경쟁력이지.

새로운 아이디어를 끊임없이 개발하고
속도감 있게 테스트해야 해.
그래야 혁신 시스템이 갖추어지지.

시장에 따라 가치 제안을
달리 한다는 건 어려운 일이야.
점점 확장시켜 지속적으로
개선해야 해.
어렵지만 효과는 최고야.

혁신적인 패턴을 이용하라
비즈니스 모델을 다시 그리자

우선 기존의 제품으로 사업을 확대하고 싶은지, 새로운 영리추구형의 아이템이 필요한지를 결정하는 것이 중요하다. 어떤 상황이라도 고객에게 제공하는 가치에서 발생하는 수익을 설계하기 위한 비즈니스 모델을 재검토할 필요가 있다. 제2편 2장의 단계들을 처음부터 다시 시작하거나 목적에 맞게 수정할 단계로 돌아가 다시 시작하는 것이다.

그 시작은 현재 비즈니스 모델을 분석하는 작업으로, 누구에게Who, 무엇을What, 왜Why, 어떻게How로 분류해서 작성하는 것이 좋다. 그런 다음 여러 가지 비즈니스 모델 패턴을 찾아 적용해 보며 융합하여 비즈니스 모델을 변경하는 과정을 진행한다.

이때 유의해야 할 점은 새로운 비즈니스 모델의 3W1H가 일관성이 있는지 확인하는 작업이 필요하며, 전문가의 도움을 받는 것이 좋다. 마지막으로 이를 다시 예비 고객들에게 적용해 보고 지속적으로 보완 및 수정한 뒤 시장에 내놓는 과정을 거치는 것이 좋다.

이때 좀 더 개별적으로 경제적 이점과 사회적가치 창출을 살펴보기를 권하는데, 각각 개별로 비즈니스 모델을 작성하는 방법이 도움이 된다.

근래 ESG가 요구되고, 민간투자의 기준도 이를 지향하는

나의 목표나 우리 팀의 목표는
무엇일까?
목표 달성의 기준이 뭐야?

우리 기업의 성패는 무엇에 달렸지?
성패를 가로는 이것이 진행되었다는
것은 무엇이 기준인 거야?

고객이 해결하고 싶은 문제는 뭘까?
어떤 것을 경험하는 걸 가장 중요하게 느낄까?
우리가 고객이 원하는 경험을 잘 이행하고 있다고
무엇으로 증명할 거야?

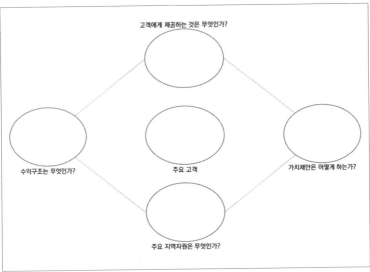

혁신 비즈니스 모델 개발 기법

시장동향을 반영하여 비즈니스 모델을 설계하는 것은 다각적 관점을 통합한 혁신을 추구할 수 있게 도와줄 수 있다.

이를 위해 경제, 환경 및 사회적 문제를 전체적인 관점으로 일관성 있게 통합할 수 있도록 개발된 도구로 트리플 비즈니스 모델 캔버스Triple Layer Business Model Canvas*를 사용해 보는 것도 좋은 방법이다.

- **사회적 계층**Social layer 이것을 사용하는 이유는 이해관계자와 조직 간의 상호 영향을 보기 위해 이해관계자 접근 방식을 통한 비즈니스 모델 캔버스를 확장하는 것이다. 즉, 이해관계자 관리 접근방식을 기반으로 조직의 사회적 영향을 탐색하는 작업이다. 여기에서 이해관계자(Who)는 일반적인 직원, 주주, 지역사회, 고객 등이 아니다. 조직의 활동에 영향을 줄 수 있거나 영향을 받는 개인 혹은 조직으로 간주된다. 그리고 사회적 수명주기평가 및 사회적 영향요인이 이해관계자 관점에서 결정된다. 조직의 특정 이해관계자가 상황과 주요 우선순위에 따라 달라질 수 있다는 점을 감안할 때 이해관계 계층은 광범위하고 유연하게 사용된다.
- **환경적 계층**Environment layer 조직이 환경에 미치는 영향보

* Alexandre Joyce, Raymond L. Paquin(2016), The triple layered business model canvas: A tool to design more sustainable business models, Journal of Cleaner Production, 재구성.

트리플 레이어드 비즈니스 모델 캔버스

사회적 관점 예시: 네스프레소

지역 내 인적 네트워크	조직 구성	사회적 가치 창출	조직문화	최종 고객
62,000명의 농부들	조직의 구조 및 의사 결정 정책	조직의 사명	조직이 사회에 잠재적으로 미 치는 영향을 보기 위함	・맛과 따뜻한 카페인이 필요한 사람

지역 내 인적 네트워크

62,000명의 농부들

열대우림 동맹과 협력 하여 개발된 AAA 지 속가능한 농업 프로그 램에 참여

조직 구성

조직의 구조 및 의사 결정 정책
・자율사업부
・의사결정의 투명성

직원

직원수 및 유형, 급여 변동, 성 별, 만족성 및 조직 내 교육 등
・90개 이상의 국적을 가진 직 원이 존재하는 긍정적인 직장
・직원의 70%가 고객과 직접 대면하므로 강력한 고객 관 계 형성

사회적 가치 창출

조직의 사명
・더 맛있고 건강한 식음료 선택을 제공 하여 소비자의 삶의 질을 향상시킴
・커피 농부들과의 상 생 관계를 통해 장 기적인 가치를 개발 함

조직문화

조직이 사회에 잠재적으로 미 치는 영향을 보기 위함
・개별컵 사용으로 개성을 살 리는 문화임
・진행되는 사회적 관행과 프 로그램은 사회적 책임에 적 극적임

협력자와의 관계 정도

장기적이고 통합적인 관계를 개발 하는 아이디어와 지리적으로 영향 을 미치는 범위가 포함될 수 있음
・전 세계 60개국에서 320개 이 상의 매장
・공급망을 위한 교육 및 소액 신용 서비스

최종 고객

・맛과 따뜻한 카페인이 필요한 사람

사회적 영향

조직의 사회적 비용: 경제계층의 재정적 비용과 환경계층의 물리적 영향을 보완하고 확장

부정적 영향
・잠재적인 카페인 의존성
・지역 농부들의 참여로 인해 잠재적으로 기존 문화, 농업 및 사회적 관행을 방해하거나 대체

사회적 비용

이 구성요소는 조직의 활동에서 오는 사회적 혜택을 명시적으로 고려하기 위한 것임 사회적 비용과 마찬가지로 사회적 혜택은 광범 위한 지표를 사용하여 측정할 수 있음

조직 활동의 측면을 창출하는 긍정적인 사회적 가치
・이해관계자의 삶의 질 향상으로 이어지는 지역사회 참여
・훈련 프로그램을 통한 농부의 개별 역량 강화

트리플 레이어드 비즈니스 모델 캔버스

환경적 관점 예시: 네스프레소

협력업체 혹은 아웃소싱 파트너

・컵 및 기계 생산업 체
・공정용 에너지 공급 업체
・공정용 물 공급업 체

생산활동

원재료나 미완성 재료 를 더 나은 가치의 산출 물로 변환하는 것 포함
・캡슐 및 재료 생산 13.3%
・생산 센터 4.5%

재료들

・커피 19.9%
・캡슐 알루미늄

기능적 가치

서비스 성능 또는 조 사된 제품 시스템에서 요구하는 정량적 설명 임

수명주기 평가의 기능 단위임
・1일 1회 에스프레소 커피 40ml에 1년 동 안의 소비자 양을 곱함

제품 수명주기

고객의 관점에서 기능적 가치 가 없어 더 이상 사용하지 않 거나 용도 변경, 재활용, 분해, 소각 또는 제품 폐기 주기
・제품 포장지
・수명 종료 5.5%

유통 채널

・탄소를 줄이기 위해 기차(4.6%)로 배송
・판지 상자(3.6%)를 사용함

사용 단계

조직의 기능적 가치 또는 핵심 서비스 또는 고객이 제품에 참여하는 영향력
・커피의 10.9% 정도의 에너지와 물만이 필요
・기계와 커피 제조 시 7.8%의 탄소만이 발생
・가장 많이 배출되는 커 피기계 세척 시에도 28% 정도임

환경에 미치는 영향력

사용 전 단계에서 46.6%의 탄소 발생

환경에 미치는 이익

2008년부터 2012년까지 기계 재설계로 탄소 발생 20.7% 절감

트리플 레이어드 비즈니스 모델 캔버스

경제적 관점 예시: 네스프레소

협력체	핵심 활동	가치 제안	고객 관계 형성	고객 분류(유형)
· 커피머신 제조업체들	· 마케팅 · 생산 · 물류운송	· 집에서 즐기는 고급 레스토랑 품질의 에스프레소	· 멤버십 클럽	· 사무실 · 일반 가정

	핵심 자원		유통 채널	
	· 유통 채널 · 특허 · 브랜드 파워 · 생산공장들		· 웹사이트, 메일 오더 · 브랜드 매장 · 콜센터 · 소매상(기계만)	

운영 비용		수익 구조		
· 마케팅 · 제조비 · 유통		· 주요 수익: 커피 캡슐 · 기타 수익: 커피머신, 액세서리		

트리플 레이어드 비즈니스 모델 캔버스

출처: 김지영(2021), 지역경제조직 워크북, 미세움, 재인용

다 더 많은 환경적 이점을 창출하는 방법을 평가하는 것이다. 이것으로 비즈니스 모델 내에서 조직이 가장 크게 영향을 미치는 환경 분야가 무엇인지를 잘 이해할 수 있으며, 환경 지향적인 혁신을 만들 때 조직이 어디에 집중할 수 있는지에 대한 통찰력을 제공한다. 글로벌 기업들은 주로 탄소 영향 측면을 많이 보고 있다.

● **경제적 계층**Economic layer　일반적인 비즈니스 모델과 동일하다.

지역자원 활용범위의 확대를 기획하자

구도시가 신도시보다 월등한 경쟁력은 무엇일까? 우선 생각나는 것은 이미 갖춰져 있는 인프라 그리고 네트워크라할 수 있다.

이제 우리는 디지털화를 통한 지역 파트너를 확장하는 방법을 알고 있다. 여기에는 단순히 기존의 지역자원들과의 연계뿐만이 아니라 기회범위의 확대를 위한 탐색작업이 스케일업에서 도움이 된다. 이 부분은 디지털화를 하더라도 사각지대가 될 가능성이 있으므로 신경을 쓰는 것이 좋다.

"자원이 부족한 자여 지역자원을 적극 활용하라.
그리고 지역을 위한 가치창출을 하라.
이 모든 것이 당신에게 다시 돌아올 것이니."

그럼 무엇부터 시작하는 것이 효율적일까? 비즈니스 모델을 기반으로 탐색하여 지역자원 루프를 다시 그려보되 비즈니스에 영향을 주는 지역기관이나 기업 등의 자원을 구체적으로 정리해 본다.

지역자원 루프는 포터Porter의 가치사슬과 유통망 관리The supply chain를 응용한 방법으로, 운영에 중심을 두고 지역자원

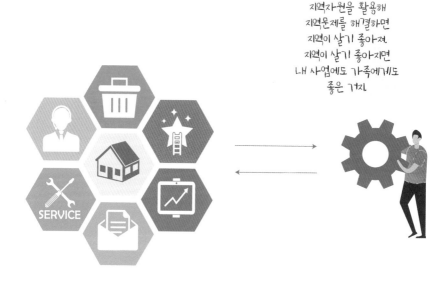

지역자원을 활용해
지역문제를 해결하면
지역이 살기 좋아져.
지역이 살기 좋아지면
내 사업에도 가족에게도
좋은 거지

이 고객에게까지 영향을 미치는 과정을 상세하게 작성할 수 있도록 기법이 설계되어 있다.

우선 비즈니스를 위한 지역자원은 직접적 그리고 간접적 (2차)으로 영향을 줄 수 있는 것으로 선정하고, 이들의 역량이 지렛대leverage* 역할을 할 수 있도록 연결고리를 만든다.

---

* 지렛대 효과: 금융에서는 타인의 자본을 통해 자기자본 이익을 높이는 것을 일컫는 말이며, 여기서는 지역자원을 통해 기업의 비즈니스 효과를 높이는 것을 뜻한다.

예를 들어, 작가가 책을 출간하려 할 때 자료를 제공할 지역자원, 홍보해 줄 지역자원, 혹은 둘 다를 연결해 줄 지역자원들을 발굴하고, 온라인 및 오프라인 서점(이전에는 오프라인 서점만 이용했다면), 소셜 미디어 등을 통하여 소비자를 만날 수 있을 것이다.

이 지역자원 루프를 작성해 지역자원의 영향이 우리를 거쳐 소비자에게 갈 수 있도록 비즈니스의 현재 상태나 새로운 잠재고객 형성을 예측할 수 있다.

지역자원 → 제품이나 서비스 → 제작자 · 지원자 → 유통 및 중개자 → 소비자

- **지역자원** 비즈니스에 직접적 영향을 미치는 자원, 비즈니스와 관련된 자원, 비즈니스에 간접적(미래)으로 영향을 미칠 자원
- **제작(생산자)** 지역자원을 활용하여 제품을 제공하거나 제품 제작을 지원할 수 있는 기업, 우리 기업에게 중요한 정보를 줄 수 있는 기업
- **유통 및 중개자** 생산된 제품이나 서비스 전달자. 고객이 제품이나 서비스를 구매하는 곳
- **소비자** 궁극적으로 기업 제품 혹은 서비스 이용자

이 연계 루프를 통해서 조직의 부족한 면을 보완하고 수

익을 창출할 수 있도록 지역을 충분히 이해하고 이를 지원해 줄 전문가의 도움을 받아 지역 전체가 협력을 할 수 있다면 매우 좋을 것이다.

상권? 다 같은 것 아닌가?
창업에서의 상권 vs. 도시재생에서의 상권, 관점이 다르다

상권이란 '대상 상가가 흡인할 수 있는 소비자가 있는 권역으로, 상업활동을 성립시키는 지역 조건이 구비된 공간적 넓이'라고 정의한다. 이것은 주민의 생활과 그 지역에서 생기는 지역적인 경제공간이자, 손쉽게 생활편익을 얻을 수 있는 소비자의 생활행동공간이다. 경쟁강도가 존재하며 대체로 소비자들의 생활공간을 기반으로 하여, 도시보다도 훨씬 넓은 경제공간, 즉 지역경제를 형성한다고 제기되어 있다.*

이렇게 기업이 지역조건이 구비된 곳에서 제품이나 서비스로 활동하고 이윤을 남기는 것이 일반적인 창업이다. 하지만 도시재생에서의 상권은 주로 전통시장인 경우가 많은데, 이미 쇠퇴한 공간 입지와 경쟁력임에도 기업의 유동성

---

* 방경식(2011), 부동산용어사전, 부연사, 참고

을 고려하지 못하고 그 공간의 활성화를 도모하는 쉽지 않은 과제라 할 수 있다.

여기서 활성화의 정의는 지역과 함께하는 현상유지에 가까울 가능성이 높다. 그러니 목표를 세울 때는 현실을 반영하여 실현 가능성이 높게 설계하는 것이 매우 중요하다. 이미 쇠퇴가 진행된 곳이라면 단순히 소상공인진흥원 등의 개별 역량을 강화시키는 것만으로는 현실적인 목표를 이루기가 어려울 수 있다.

이 경우에는 기회를 탐색하여 기회 범위를 확대할 수 있도록 상권의 현재 경쟁력에 대해 원천적으로 분석하는 것을 고려해 볼 수 있다. 이것은 기회범위를 확대하기 위해 기술을 탐색하여 개발하고 전략을 세우는 기술사업화 방법을 활용하는 것이다.

이때 상권을 하나의 기업으로 보고 상권의 비즈니스 모델을 작성해 보는 방법은 또 하나의 접근법으로서 유용할 수 있다. 단, 캐릭터나 브랜딩을 위한 요소들은 지속적으로 홍보할 수 있는 인력과 자금이 필요하다. 지속적인 홍보나 신제품 개발을 통하여 캐릭터 등을 사용할 수 있도록 하는 것이 매우 중요하다. 지속적으로 홍보할 수 있는 인력이나 자본이 투입되는 것이 힘들다면 고객에게 강하게 인상을 남길 수 있는 좋은 느낌의 브랜딩 요소면 충분하다. 예를 들면, 그 지역을 연상시키는 독특한 색의 조명이나 시장 이름을 연상시킬 수 있는 문양의 차양 및 타일 등이 있다.

①
여기서는
전체를 봐야 해.

②
상권에 대한
현황을 파악해야 해

③
주요 제품군과 경쟁력을
정의하고 분석해야 해

④
SWOT를 작성하고 활성화 추진 프로그램을
설계하기 위해 핵심역량과
기술적, 기능적 전략을 정립해야 해

⑤
팀원들을 모아 시나리오를 만들어보자.
시장과 자원 포트폴리오,
트렌드 분석, 지역자원, 로드맵...

⑥
이제 다 왔어.
새로운 상권에 비즈니스 모델을
설계하고 홍보전략도 세워야지

상권의 비즈니스 모델 작성

지금 고객유치의 핵심요소는 다양한 콘텐츠라고 한다. 제품만 좋다고 성공하는 것이 아니라 하드웨어보다 소프트웨어, 즉 콘텐츠에 많은 시간을 투자해야 한다는 의미다. 경쟁력이 낮은 지역경제조직은 이를 보완할 수 있는 지역 파트너십을 구축해야 한다.

경쟁력을 강화하라
민간투자를 목표로 성장전략을 수립해 보자

조직을 확대시켰다면 이제 투자유치를 목표로 성장전략을 검토할 필요가 있다. 지금은 사업의 성장과 지속성을 높일 수 있는 경쟁력 강화를 위하여 팀의 역량 강화는 물론이고, 자본이 필요해지는 시점이다. 우리가 도전해야 할 마지막 과제이기도 하다.

투자를 유치하기 위해서 우리는 또 다른 고객인 투자자의 관점으로 우리의 사업을 냉정하게 볼 필요가 있다. 우리의 사업이 투자할 만큼 매력적인가? 성장할 가능성이 있는가? 이 과제를 풀기 위해서 당해의 글로벌 메가트렌드Megatrends를 참고해 보는 것도 좋다.

그리고 아래 질문에 대해 정리해 보자.

첫 번째, 투자자는 우리 기업의 투자가치를 무엇으로 판단할 수 있는가? 우리 기업의 어떤 부분이 투자를 주저하게 만드는가?

이것은 투자자가 가지는 두려움에 대한 질문이다. 다음을 평가해 보자.

- 필요성
- 제품 혹은 기술
- 실행 가능한 비즈니스 모델
- 가치제안 검증
- 시장 기회
- 경쟁 및 차별화
- 개발 현황

창업에 필요한 3대 요소가 뭔지 알아?

창업의 3대 요소

☑ 창업자

☑ 사업 아이디어

☑ 자본

우리 회사는 탄탄합니다.
연간 매출, 직원 수, 환경성, 고객 확보, 지식재산권,
플랫폼 방문 고객 수, 재구매 수로 보여드리죠.

우리 제품(서비스)은 정말 유용하죠.
가격경쟁력, 품질, 흥미로운 마케팅,
사회적 가치 창출을 보여드리죠.

와우. 훌륭하군요.
여기에 투자를 하면 1년 내에 몇 배의 수익을
올릴 수 있는지 보이는군요.
당신의 출구전략이 명확하게 보여서 좋군요.

- 정책의 민감도(규제 등)
- 판매 및 마케팅 전략

두 번째, 투자자는 우리 기업의 투자가치를 무엇으로 판단할 수 있는가? 우리 기업은 어떤 가치로 투자를 이끌 수 있는가?

이는 투자자가 가질 수 있는 기회에 대한 질문이다. 다음을 평가해 보자.

- 투자 수익(ROI)
- 거래 조건
- 출구EXIT 전략(합병인수, IPO 등)

기회평가 프레임워크Framework를 활용해 보는 것도 유용할 수 있다.*

투자유치를 위해서 기업의 가치나 성과 대부분을 수치로 명확하게 보여주는 것이 좋다. 투자자가 알고 싶어 하는 것은 비교적 명확하다. 자신의 투자금액을 언제 회수할 수 있을지, 회수가치가 더 성장할지다.

경쟁시장에서 투자를 유치를 하기 위해서는 투자자 관점으로 우리의 비즈니스를 냉철하게 분석하고 보완하고 수정

---

* 스탠퍼드 대학(2015), 디자인싱킹 부트캠프, 참고

해 나가는 것이 매우 중요할 것이다. 이를 규명하기 위해서는 논리적이고 사업 타당성을 인정받을 수 있는 기획이 필요하며, 경영 전문가로서의 과정을 이수하는 것도 추천한다.

도시재생경제조직은
공공성과 경제성의 균형이 중요하다

기업은 사회성과 경제성에 대한 균형이 중요하다. 특히 공공성을 띠는 일부 공동체 경제조직은 그 균형을 보다 더 세밀하게 설계할 필요가 있다.

현재의 구조에서는 지역 내에 비영리조직 혹은 지역주민을 위한 공간들은 지원비가 제대로 지급되지 않으면 운영될 수 없다. 물론 지역 차원에서 조례 제정 등을 통해 지원비가 책정되어 지급되는 지역도 있다.

지역공간(앵커 시설) 활성화를 위한 비즈니스 모델은 1~2개의 지역형이 아닌 영리형 비즈니스 모델을 중심으로 지역형의 비영리성(공간 포함) 비즈니스 모델의 운영비 등의 현금흐름을 지원하는 것을 고려해 볼 수도 있다.

여기서 소셜 벤처와 같은 사회적 문제해결을 지향하는 영리기업에게 지역의 공간을 저렴하게 활용할 수 있게 해주며 일정 수익에 대하여 단순 기부형식이 아닌 지정된 비영리 비즈니스 모델의 현금 흐름을 지원하도록 하는 방법도 지금 공간 활성화를 위한 문제 해결에 도움이 될 수 있다.

공간뿐만 아니라 지역자원도 활용할 수 있도록 해줌으로써 민간투자유치를 통한 사업의 성장과 사회적가치 창출을 같이 할 수 있도록 해준다면 더 좋을 것이다.

이제부터가 시작이다

지금까지 우리가 가야 하는 방향성에 대하여 검토와 수정 그리고 실천을 위한 방법을 함께 그려보았다. 물론 이것이 완벽하거나 끝이 아니다. 지금 이 단계들은 당연히 이행되고 고려되어야 하는 것들이며, 사업은 늘 환경과 정책의 영향을 받으므로 항시 수정할 수 있는 유연성과 다음 문제들을 풀 수 있는 준비가 되어 있어야 한다.

사업에서 가장 중요하고 힘든 것은 사람이라고 한다. 특히 지역 중심의 공동체조직들은 공공성과 경제성 사이에서 더 많은 혼란을 겪을 수도 있다. 지금까지 이런 혼란스러움에도 불구하고 좀 더 지혜롭게 효과적으로 경제조직을 설립 및 운영하고 확장하여 사업의 성공률을 높이는 데 기여할 수 있도록 본 단계들을 제시했다. 이제 우리가 살아가는 공간은 기술이 빠질 수 없다. 기술을 더 가깝게 접할 수 있는 환경을 만들어야 하고, 이를 좀 더 효율적으로 도와줄 수 있는 지역 파트너십을 맺는 것도 중요하다.

다양한 사례를 보면 사업이 한 번에 일어서기란 어렵다. 실패는 어쩌면 당연한 것일 수도 있다. 다만 실패에서 끝나는 것이 아닌 실패에서 학습하고 다시 시작하는 것이 더 중요함을 잊지 말아야 한다.

아무리해도 안 되는 것이 있다면, 그 이유를 내부에서 찾느라 머리 맞대고 서로 갈등하지 말고 밖으로 나가라. 고객에게 물어보는 것이 더 빠르다. 경제조직이 가장 중요시해야 하는 것은 고객의 피드백이다. 끊임없이 물어보고 제품(서비스)을 보완하고 수정하며 기회의 범위를 주시해야 한다. 더불어 사업의 기회 범위에 따라 조직에 필요한 역량이 다르다. 조직의 목적과 기회에 맞는 역량을 지속적으로 관리하는 것이 성패를 판가름한다.

지금 우리가 처한 환경은 포스트post 코로나를 넘어 위드with 코로나를 얘기하고 있다. 이제 우리는 비대면에 익숙해져야 하며, 가상 혹은 증강 현실에서 자신의 아바타로 사람들을 만나는 메타버스Metaverse와 같은 기술을 활용하여 우리의 콘텐츠를 전달할 수 있어야 한다. 내 주위만이 아닌 가

상현실에서 만나는 환경을 파악하고, 우리의 콘텐츠를 그것에 맞게 발전시켜나가는 것 또한 조직의 지속성에 큰 영향을 미치게 된다.

이제 지역의 개념은 기존보다 더 크게 확장될 수 있게 되었다. 지속적으로 고객을 만나며 산업환경과 시장의 변화를 주시하고 학습하는 것이 나와 조직의 스케일업에 있어 가장 큰 원동력이 될 수 있다.

제3편

도시재생기업이란
무엇인가?

도시재생의 지속가능성을 담보하는
대표적 사례가 도시재생기업이에요
도시재생기업은 무엇일까요?
오랜 기간 도시재생기업을 준비해 온 서울시는
어떻게 하고 있을까요?

제 1 장

서울 도시재생기업의 이해

도시재생경제조직과 완벽한 대응을 이루지는 못하겠지만 지역주체를 발굴하고 함께 성장하며 비즈니스 모델을 실천해가는 대표적 사례가 도시재생기업이다. 지역재생회사, 마을관리 협동조합, 사회적협동조합 등 다양한 용어로 불리기도 하지만, 이 책에서는 도시재생기업으로 통칭하고 도시재생기업이 무엇인지, 어떠한 역할을 하는지 살펴본다.

물론 서울시 외에도 전국 곳곳에서 지속가능한 도시재생을 위한 다양한 고민을 하고 있고, 잘된 사례와 잘못된 사례로 구분할 수 없다. 다만 이 책에서는 앞서 살펴본 사례와 같이 일관성의 측면에서 서울을 대상으로 하였다.

도시재생기업의 정의
서울 도시재생기업이란?

　전국의 많은 도시재생사업이 종료되는 시점과 맞물려 지속가능한 도시재생을 위한 논의와 사업이 활발히 추진되고 있다. 서울도 역시 마찬가지다. 창신·숭인을 시작으로 국토부 선도사업지역인 용산구 해방촌과 구로구 가리봉동의 사업이 종료되었고, 2015년 선정되어 1단계 사업지라 불리는 성수동, 장위동, 신촌동, 상도4동, 암사동의 도시재생사업 또한 종료되었다. 이후에도 2017년 선정된 도시재생사업이 마무리를 향해 박차를 가하고 있다.

　도시재생사업의 종료와 도시재생 현장지원센터의 일몰과 맞물려 전국의 다양한 도시재생 사업지역에는 지속가능한 지역관리와 도시재생을 위해 도시재생기업 또는 마을관리협동조합 같은 이름으로 다양한 사업과 움직임들을 시도하고 있다.

　도시재생기업에 관한 내용과 정의는 생경한 것이 아니다. 이미 지역관리회사, 지역재생회사, 마을기업 등 지속가능한 도시재생을 위한 방안과 사업들이 다양하게 논의됐다. 그리고 그 의미와 정의는 〈도시재생특별법〉 제2조9항 '마을기업'*에서 기인한다.

＊　〈도시재생활성화 및 지원에 관한 특별법〉 제2조9항 '마을기업'이란 지역주민 또는 단체가 해당 지역의 인력, 향토, 문화, 자연 등 각종 자원을 활용하여 생활환경을 개선하

서울시 내부에서 도시재생기업에 관한 논의는 2017년 서울광역센터가 개소된 이후 집중적으로 시작되었다. 많은 논의와 숙의 과정을 거쳐 지속가능한 지역관리를 위해 도시재생기업과 지원사업의 필요성을 제기했다. 이러한 흐름과 맞물려 서울시와 서울광역센터는 2019년 처음으로 서울 도시재생기업을 선정했다.

그간 도시재생기업에 관한 많은 연구와 논의가 있었지만, 2020년 서울 도시재생기업 종합지원 시행지침을 수립하며, 서울 도시재생기업에 대한 개념을 다음과 같이 정의했다.

> "서울 도시재생기업CRC: Community Regeneration Corporation이란, 서울시 도시재생사업지역 내 발생하는 다양한 지역 의제를 지역의 자원과 결합 · 활용하여 비즈니스 모델로 풀어내고 지속가능한 도시재생을 추구하는 지역 중심의 기업을 말한다."

집중적으로 재원이 투자되는 도시재생활성화사업 종료 이후에도 지역을 관리 · 운영할 주체가 필요하고, 주민참여 사업으로 추진된 도시재생을 정착시키고 지속해 나갈 조직으로 도시재생기업이 필요하다. 따라서 서울 도시재생기업은 도시재생사업 추진으로 역량이 강화된 지역주민에 의해

고 지역공동체를 활성화하며 소득 및 일자리를 창출하기 위하여 운영하는 기업을 말한다.

서울 도시재생기업의 개념적 정의

출처 : 서울특별시 도시재생지원센터(2020), 서울 도시재생기업 종합지원 시행지침

지역이 유지관리되는 것을 목표로 하고 있다.

서울 도시재생기업의 역할
서울 도시재생기업에서는 무엇을 할까?

도시재생기업이 수행해야 할 역할을 명확히 규정하기는 어렵다. 지역마다 갖추고 있는 역량과 인적·물적 자원이 다르기 때문이다. 지역마다 갖추고 있는 특성과 환경이 모두 다르지만, 도시재생기업이 갖춰야 할 네 가지 공통된 역할을 꼽을 수 있다.

첫째, 도시재생기업은 지역의 자원 · 자산 · 자본을 활용하여 지역재생에 이바지할 수 있는 다양한 활동과 사업을 추진해야 한다. 지역에는 도시재생사업을 추진하며 수행된 지역자원조사와 사업을 추진하며 발굴된 인적자원 등 유 · 무형의 지역자원들이 다양하게 존재한다. 도시재생기업이 추진하는 사업은 지역의 자원과 결합 · 활용하여 사업을 추진하는 것을 첫 번째 역할로 꼽을 수 있다.

둘째, 수익사업을 통한 일자리 창출과 기금 조성을 통해 지속적인 지역재생사업을 추진해야 한다. 도시재생기업 선정 요소에는 지속가능성과 공공성을 전제로 하는 요소가 포함되어 있다. 또한 선정된 도시재생기업의 정관에는 배분 가능한 이윤의 1/3을 지역사회에 환원한다는 역할을 명시하게 되어 있다. 배분 가능한 이윤*의 1/3을 주민 또는 주민협의체 활동을 지원하거나 지역 내 공공복지시설 지원, 마을기금 적립 등 지역사회에 기여하는 활동을 수행해야 한다.

셋째, 도시재생기업은 지역 과제 또는 지역 문제 해결을 위한 사업과 활동을 추진해야 한다. 도시재생활성화사업을 통해 드러난 지역의 결핍 요소와 니즈를 분석해 지역사회가 필요로 하는 의제를 사업화하여 해결하는 것을 세 번째 역할로 꼽을 수 있다.

---

* 배분 가능한 이윤이란, 총 매출에서 모든 비용 및 손실을 제외하고 남은 순이익 중 차기년도 적립금 등을 공제한 금액이다.

| 지역 맞춤형 비즈니스 | 지역 커뮤니티 | 지역경제 선순환 | 지역일거리(일자리)창출 |

서울 도시재생기업 목표 및 필요성

출처 : 서울특별시 도시재생지원센터 기업육성팀

넷째, 지역재생(물리적 환경개선, 공동체 활성화, 지역경제 활성화)을 위한 활동 및 사업을 추진해야 한다. 도시재생사업을 통해 구축된 지역자산(앵커 시설[주민 공동이용시설], 임대주택, 공영주차장, 공공시설물 등)의 운영 및 관리, 유·무형의 지역상품 개발, 주택개량사업 등 지역 내 다양한 사업의 발굴·연계·관리 역할을 네 번째로 꼽을 수 있다.

서울 도시재생기업의 추진전략
서울 도시재생기업 어떻게 진행될까?

서울시와 서울시 도시재생지원센터는 지속가능한 도시재생을 위한 지역 기반 자립적 도시재생기업 육성을 목표로 서울 도시재생기업 발굴·육성·선정·지원·관리 영역을 종합 지원하고 있다. 서울 도시재생기업 유형에 따른 전략적 육성과 사업 운영의 사례를 확산하고, 홍보·판매·기반 구축을 지원하여 도시재생기업 자생력 확보에 기여하는 것 또한 중요한 목표다. 무엇보다 준공공영역의 사업 발굴 및 관련 사업 연계를 통해 도시재생기업이 살아남을 수 있는 시장을 형성해 줌으로써 지속가능한 자립기반 확보를 추진 방향으로 삼고 있다

서울 도시재생기업 종합지원체계를 통해 다음과 같은 세 가지 사항을 추진전략으로 삼고 사업을 추진하고 있다.

첫째, 도시재생기업 발굴·육성·지원·관리의 '체계화' 4단계 도시재생기업 발굴·육성 프로그램 운영[4-STEP], 서울 도시재생기업 선정 공모, 모니터링, 점검 등 성과평가 절차 운영, 도시재생기업 표준매뉴얼 개발, 도시재생기업 데이터베이스 구축 등 사업 추진

둘째, 도시재생기업 전문가·외부자원 연계 등 '전문화' 긴급출동 도시재생기업 119 운영, 민간기업 및 관계기관 연계사업 추진, 도시재생기업 사례연구 및 개선방안 도출 등 사업 추진

셋째, 도시재생기업 선도 모델 공유·홍보를 통한 '확산화' 도시재생기업 공동 브랜딩, 선정기업 기획연재 보도, 도시재생기업 성장공유회(네트워킹), 도시재생기업 상품 전시·판매 시스템 구축 등 사업 추진

서울 도시재생기업은 크게 지역관리형 도시재생기업, 지

역사업형 도시재생기업 두 가지 유형으로 나누어 선정된다. 지역관리형 도시재생기업은 앵커 시설 운영 및 관리, 주거지 관리, 지역 인프라 관리, 지역 주거복지 실현 등의 목적사업을 수행하는 지역 기반 도시재생기업을 의미한다. 지역사업형 도시재생기업은 지역관리형 사업 외 지역 과제 및 주민 필요를 해결하는 재화 · 생산 · 판매 · 공동구매 · 사회 서비스 제공 등 다양한 커뮤니티 비즈니스를 수행하는 지역 기반 도시재생기업을 의미한다.

　도시재생기업은 사회적경제 영역이란 큰 범주에서는 기존 마을기업, 자활기업, 소셜 벤처와 뜻을 같이하지만, 도시재생사업을 통해 발굴되는 지역 의제나 결핍 요소를 해소하는 지역 비즈니스를 도시재생사업을 통해 구축되는 앵커 시설 등 공간을 기반으로 수행한다는 점에서 미묘한 차이점을 보인다. 특히, 지역관리형 도시재생기업의 경우, 앵커 시설 관리, 집수리사업, 마을관리사업 등 도시재생 콘텐츠라고 할 수 있는 명확한 사업추진을 목표로 하고 있다.

　지역관리형 도시재생기업의 경우, 법인의 형태는 협동조합, 사회적협동조합 모두 가능하지만, 법인 운영의 투명성이 확보된 사회적협동조합을 권장하고 있다. 또한 임원 과반이 도시재생사업 주민협의체 활동 경력이 6개월 이상인 주민으로 구성되어야 하는 자격요건도 갖춰야 한다.

　지역사업형 도시재생기업의 경우, 법인의 형태는 협동조합, 사회적협동조합, 주식회사 등 모두 가능하지만, 도시재생사업으로 발굴된 지역 문제 또는 지역 결핍 요소를 해소하는 지역 중심의 사업일 경우 선정하고 있다.

서울 도시재생기업 어떻게 선정할까?

서울 도시재생기업은 지역성, 공공성, 지속가능성, 거버넌스 등 총 네 가지 요소를 선정 기준으로 삼고 있는데, 다만 법인의 형태일 경우에 한하여 선정하고 있다.

첫 번째 자격요건은 지역성이다. 서울 도시재생기업은 재생사업구역을 중심으로 기업이 설립·운영되는 것을 기본으로 하고 있다. 따라서 본점의 형태든 분점의 형태든 도시재생 사업구역 내 법인의 주소가 위치해 있어야 한다. 이는 지역 의제와 지역 특성을 반영하여 사업이 운영되는 지역 중심의 기업임을 지향하는 것과 맥락을 같이한다.

또한 도시재생 사업지역 주민을 중심으로 전문가, 활동가 등 지역의 다양한 주체 간 협력을 통해 최소 3인 이상의 임원으로 구성된 법인이어야 한다. 도시재생사업이 종료된 이후 도시재생기업이 구성될 경우, 해당 사업지역의 특성 및 재생사업에 대한 이해를 바탕으로 지역재생과 관련된 사업계획이 수립되어야 하며, 이를 법인 정관에 목적사업으로 반영해야 한다. 지역성의 경우, 지역연계성을 내포하고 있다. 해당 도시재생기업의 사업 모델이 재생사업의 사업계획과 연관성이 있는지, 지역 특성과 지역 의제를 고려한 사업인지를 중요하게 심사한다. 지역 의제 해결 및 개선을 통한 파급효과, 지역 안팎의 사업확장 가능성 유무도 중요한 지역성의 요소로 판단한다.

두 번째 자격요건은 공공성이다. 한두 사람의 의사결정 구조가 아닌 다양한 이해관계자로 구성된 운영위원회가 존재

서울 도시재생기업의 특징 및 자격요건

출처 : 서울특별시 도시재생지원센터(2020), 서울 도시재생기업 종합지원 시행지침

하며, 민주적 의사결정 구조를 가지고 운영되는지가 핵심이다. 지역주민, 전문가, 활동가 등 다양한 주체가 참여하여 이루어진 법인인지 아닌지 또한 공공성의 중요한 요소다. 앞서 언급했던 것과 같이 배분 가능한 이윤의 1/3을 주민 또는 주민협의체 활동을 지원하거나, 지역 내 공공복지시설 지원, 마을기금 적립 등 지역사회에 기여해야 하며, 이를 협약서 및 정관에 명시하게 되어 있다. 즉, 공공성은 공공의 이익과

※ 서울시와 서울시 도시재생지원센터는 2019년, 2020년에 걸쳐 총 19개 도시재생기업을 선정하였다. 선정된 도시재생기업은 아래와 같다.

▶ 지역관리형 도시재생기업
  - 2019년 선정 : 서울 도시재생 사회적협동조합, 상4랑 협동조합, 369마을 사회적협동조합
  - 2020년 선정 : 암사 도시재생 사회적협동조합, 성수지앵 협동조합

▶ 지역사업형 도시재생기업
  - 2019년 선정 : ㈜캔디뮤지컬컴퍼니, ㈜오라클라운지, 생각실험 사회적협동조합, 다사리 협동조합, 교육협동조합 온지곤지, ㈜더스페이스프렌즈, 어바웃엠 협동조합, 삼양로컬랩 협동조합, 우리동네맥가이버 협동조합
  - 2020년 선정 : 마을엄마 협동조합, 가리봉 마을살이 협동조합, 서울로 마을닥터 목공 협동조합, 봉제디자인 이음 협동조합, 협동조합 우리들의 낙원

공동체 발전의 가치 실현을 위해 기여해야 한다.

세 번째 자격요건은 지속가능성이다. 조직 및 법인의 구성원들이 보유한 기술력, 전문성 보유 여부에 따른 사업 실행력 역량이 확보되어 있는지 판단한다. 또한 사업추진을 위한 목표 · 방향 · 계획의 구체성 및 타당성, 사업경쟁력 확보를 위한 사업 모델의 수익 창출구조 등 중장기적인 계획 방향도 중요한 요소로 본다.

네 번째 자격요건은 거버넌스다. 지역 사업을 수행하고 있는 도시재생기업이 민 · 관 거버넌스, 민 · 민 거버넌스 등의 지역관계망을 구축하고 있는지를 파악한다. 도시재생기업은 지역을 기반으로 사업을 추진하기 때문에 사업의 발굴 · 실행 · 확장을 위한 지역 내 관계부서의 협의 및 협력 지원이 무엇보다 중요하다. 또한 지역 내 입지한 산 · 학 · 연을 비롯해 지역주민, 유관 단체, 행정과 연계, 협력하고 있는지를 중요한 자격요건으로 본다.

서울시와 서울시 도시재생지원센터는 위 네 가지 요소를 기반으로 2019년, 2020년에 걸쳐 총 19개의 지역관리형 도시재생기업, 지역사업형 도시재생기업을 선정하고 지원하고 있다.

서울 도시재생기업 어떻게 육성될까?

다양한 이해관계자들이 다년간 추진하는 도시재생사업의 특성상 지역맞춤형 문제해결능력 배양이 필요하다. 또한 도시재생사업을 통해 구축된 지역자산(앵커 시설 등)을 운영 · 관리하는 지역관리형 도시재생기업과 지역 의제 해결에 기반하여 사업을 추진하는 지역사업형 도시재생기업의 특성을 고려한 도시재생기업 육성과정이 필요하다. 이에 서울 도시재생기업 정기공모 선정에 앞서, 2020년 처음으로 서울 도시재생기업 4단계 발굴 · 육성 프로그램인 '4-STEP' 사업을 추진했다.

'4-STEP' 사업은 도시재생사업으로 형성된 주민 모임 및 단체가 지역문제 해결을 위한 사업 아이템을 제안하고 실행할 수 있는 역량을 보유한 팀을 발굴하여 도시재생기업으로 성장할 수 있도록 견인하고자 설계된 사업이다. 4단계 도시재생기업 발굴 · 육성 프로그램인 '4-STEP' 사업은 제목과 같이 총 4단계로 나뉘어 추진된다. '4-STEP(안내소 - 준비소 - 공작소 - 발전소)' 사업은 크게 세 가지 목표를 설정하고 운영된다.

첫 번째 목표는 법인설립의 지원이다. 주민 중심의 기업을 표방하고 있는 서울 도시재생기업을 준비하는 팀들의 가장 큰 애로사항이 바로 법인설립이라는 현장의 니즈를 반영하여, 법인설립의 A부터 Z, 즉 법인설립의 기초부터 완료까지 지원한다.

두 번째 목표는 비즈니스 모델의 고도화다. 도시재생기업으로 발돋움할 초기 사업 아이템을 가지고 있는 팀들을 대상으로 수익구조를 명확하게 하고 도시재생기업으로서 고민하고 준비해야 할 부분들이 무엇인지를 주지시켰다.

세 번째 목표는 찾아가는 현장 설명회 운영이다. Step1. 도시재생기업 안내소라는 이름으로 추진되는 찾아가는 현장 설명회는 도시재생기업에 대한 올바른 이해와 정보제공을 위해 기획되었다. 경제기반형, 중심시가지형, 근린재생형 도시재생활성화지역과 우리동네살리기, 관리형 주거환경개선사업 등 총 133개 서울시 도시재생사업지역의 신청을 받아 주민, 공무원, 현장센터 근무자 등을 대상으로 찾아가는 현장 설명회를 운영한다. 도시재생사업지역 현장을 방문하여 현장의 상황 및 여건을 파악하고 준비 정도를 사전에 진단하기 위해 꼭 필요한 과정이다. 앞으로 '4-STEP' 사업은 사업기획력 증진과 사업실행력 배양이라는 두 가지 목표가 추가되고 고도화되어 추진될 예정이다. 사업실행력 제고를 목표로 도시재생 콘텐츠 전문가와 연계한 실행사업을 추진하여 완성도 높은 지역 비즈니스 모델을 구축한다.

'4-STEP' 사업의 단계별 세부 사업추진은 어떻게 진행될까?

Step 1. 도시재생기업 안내소 찾아가는 현장 설명회 운영, 서울 도시재생기업 개념 이해 및 추진과정 안내, 도시재생기업 관련 추진 사례 안내 및 정보제공

Step 2. 도시재생기업 준비소 지역 의제 발굴 및 해결방안 도출, 지역 의제 사업화 방안 구상, 법인설립 초기 단계 지원

Step 3. 도시재생기업 공작소 지역 의제 사업의 고도화, 법인설립 완료 지원

Step 4. 도시재생기업 발전소 비즈니스 모델 수립, 비즈니스 모델 실행을 위한 시범사업 추진

4단계 도시재생기업 발굴·육성 프로그램인 '4-STEP' 사업으로 무엇을 기대할 수 있을까?

첫째, 서울 도시재생기업으로 발돋움하기 위한 지역 준비팀들의 모수 확대와 모집단의 역량 강화를 꾀할 수 있다. 서울시 도시재생사업지역 내 의제를 검토하고 고민하여 사업 아이템과 연계하고 체계적으로 비즈니스 모델화를 지원하는 도시재생기업 맞춤형 인큐베이팅 추진이 가능하다.

둘째, '4-STEP' 사업을 통해 도시재생기업 선정 공모에 진입하는 법인의 사전 모의 경험 및 역량 강화를 꾀할 수 있다. 참여팀의 역량과 사업 아이템에 맞는 기획을 바탕으로 지역

의제에 기반한 비즈니스 모델을 발굴하고 도시재생기업 선정에 도전할 수 있는 기반 마련이 가능하다.

서울 도시재생기업 발굴·육성 사업은 사회적경제 영역의 기업 인큐베이팅 사업과 큰 틀에서는 결을 같이하지만, 도시재생 콘텐츠를 비즈니스 모델로 하는 사업을 추진한다는 점에서 차이가 있다. 앵커 시설의 운영·관리, 지역관리 사업, 집수리사업, 도시재생활성화계획과 연계된 사업 등을 주요 사업으로 추진하는 도시재생기업을 발굴·육성하기 위해 맞춤형 인큐베이팅 사업인 '4-STEP' 사업을 지속적으로 추진하고 있다.

짧게는 3년, 길게는 5년 동안 도시재생사업을 경험하고 역량이 강화된 주민을 중심으로 설립된 법인이 10년, 20년 지역관리 사업을 수행한다는 것은 결코 쉬운 일이 아니다. 따라서 지역사업을 추진하는 도시재생기업이 지역사회에 연착할 수 있도록 서울시는 매년 도시재생기업 선정 공모사업을 진행하고 있다.

서울 도시재생기업으로 선정되면 지속가능성 확보와 자립을 위해 많은 지원을 받게 된다. 그중 대표적인 지원사업은 '긴급출동 CRC 119' 사업이다. 이 사업은 지역사업을 추진하고 있는 서울 도시재생기업의 사업추진 과정에서 발생하는 각종 현안(시기별, 업종별, 상황별)에 신속하게 대처하고 지원할 수 있는 체계를 갖추고자 기획되었다.

앞서 언급했듯이, 짧게는 3년 길게는 5년 동안 도시재생사업을 경험하고 역량이 강화된 주민을 중심으로 설립된 법인이 10년, 20년 지역관리 사업을 수행한다는 것은 결코 쉬운 일이 아니다. 법인을 운영하면서 발생하는 각종 현안에 대해 관련 전문가의 신속한 지원으로 당면 문제를 즉각 해결할 수 있는 구조를 마련했다.

긴급출동 CRC 119 사업은 도시재생기업을 대상으로 한 수요조사를 통해 구축된 총 11개 분야(회계, 세무, 마케팅, 법률, 홍보, 공간 컨설팅, 노무, 보조금 집행, 사업계획 수립, 행정, 건축 등) 17인의 전문가로 구성된 자문위원들이 서울 도시재생기업이 당면한 문제를 해결해 주기 위해 현장에 파견된다.

온·오프라인의 다양한 창구를 통해 분야별 전문가를 연계·지원하여 선정된 서울 도시재생기업이 합리적이고 전문적으로 운영할 수 있도록 필요한 솔루션을 제공한다. 긴급출동 CRC 119 사업은 도시재생기업 성장을 목적으로 사업 운영에 필요한 분야별 맞춤형 실질적인 자문 지원을 통해, 현장에서 사업을 추진하는 개별 도시재생기업의 역량을 강화

긴급출동 CRC 119 추진과정

출처 : 서울특별시 도시재생지원센터 기업육성팀

하여 자립구조를 확립하고자 노력하고 있다.

서울 도시재생기업의 지속가능성 확보와 자립을 위한 다양한 지원사업들이 추진되고 있다. 도시재생기업 멘토링 사업은 서울 도시재생기업 정체성 확보와 도시재생기업이 지역사회에서 추진하고 있는 사업의 방형성 제시를 위해 기획되었다. 지역사업을 추진하다 보면, 도시재생기업으로써 갖춰야 할 정체성을 놓치는 경우가 많다. 도시재생기업 멘토링 사업을 통해, 지속가능한 도시재생을 위해 지역사회에서 도시재생기업으로서 수행해야 하는 역할의 방향성을 제시하고 멘토단이 가지고 있는 지식과 역량을 전수하여 기업경쟁력 강화를 위해 지원한다.

또한 돈의문 박물관 내 있는 도시재생 이야기관을 활용하여 전시기획과 도시재생기업이 생산하는 상품 또는 재화를 판매해 홍보·판로 개척 사업도 지원한다.

도시재생기업과 민간사업을 연계하여 사업의 영역을 확장하는 사업을 추진하며, 선정된 도시재생기업을 대상으로 그들의 철학과 지역사업을 소개하는 기획연재 보도를 진행한다. '서울 도시재생기업의 밤'이란 이름으로 연말 네트워킹 자리도 마련된다. 선정된 도시재생기업이 지역사회에서 추진한 한해 사업을 돌아보고, 다른 지역의 도시재생기업 사업추진 현황 및 현안을 공유하는 모임의 장場이다.

그 밖에 매년 추진되는 사업으로 '서울 도시재생기업과 로컬 친구들', '도시재생기업 작은 연구', '도시재생기업 지속가능성 확보를 위한 심포지엄' 등 서울 도시재생기업이 자립하고, 지역사회에 자리 잡고 뿌리내리기까지 다방면으로 지원하는 사업들을 연중 추진하고 있다.

서울 도시재생기업의 지속가능성 확보와 자립을 위해서는 아직 갖춰야 할 것도, 개척해 나가야 할 것도 많다. 아직

도시재생 이야기관 도시재생기업 전시기획 판매

사진제공 : 서울특별시 도시재생지원센터 홍보팀

도시재생기업으로서 정체성을 확고히 할 필요도 있으며, 도시재생활성화지역을 기반으로 새로운 영역의 확장사업 역시 꾸준히 발굴할 필요도 있다.

무엇보다 중요한 것은 서울 도시재생기업이 살아남을 수 있는 시장을 만들어주는 것이 관건이다. 준공공영역의 사업을 추진하고 있는 도시재생기업의 장기 먹거리를 마련하고, 지역주민 중심으로 설립된 법인이 지속해서 지역관리사업을 추진하며 일자리를 만들어내고 작은 수익이라도 낼 수 있다면 훌륭한 도시재생기업이라는 인식이 확산되어야 한다.

짧게는 3년, 길게는 5년 동안 도시재생사업을 통해 역량이 강화된 지역주민을 중심으로 법인을 설립하고 지속할 수 있도록 기업을 유지해나간다는 것은 결코 쉬운 일은 아니다. 때문에 서울시와 서울 광역센터는 서울 도시재생기업이 지역에 연착륙할 수 있도록 최대 3년간 지원하고 자립을 돕고 있다. 3년 뒤의 자립 시점을 맞아 변모해 있을 서울 도시재생기업 성장을 기대해 본다.

제2장

서울 도시재생기업의 사례*

서울시에서는 다양한 형태의 도시재생기업이 선정되어 운영되고 있다. 다만 오해를 방지하기 위하여 여기에서 소개된 사례만이 성공적인 사례는 아님을 언급하고, 사례 이야기를 풀어본다.

찾고 싶은 공간, 찾고 싶은 동네, 함께 움직이는 따뜻한 도시

서울 도시재생 사회적협동조합

2019년 말, 회현동과 중림동, 서계동을 아우르는 서울역 일대 도시재생사업이 마무리되었다. 현장센터는 문을 닫았지만, 마중물로 올려진 도시재생사업을 지역 전문가와 주민

---

* 서울특별시 도시재생지원센터 웹사이트(SURC.OR.KR)

복합문화공간 '중림창고'에서는 다양한 문화예술 프로그램이 운영된다

들이 함께 이어가고 있다.

　서울역 뒤편. 아기자기한 카페와 건축사무소들이 하나둘 들어서고 있는 매력적인 골목을 지나 가파른 계단을 따라 고개를 오르면 탁 트인 서울을 굽어보는 오래된 주택들 사이에 조성된 도시재생 앵커 '은행나무집', '감나무집', '빌라집'을 차례로 만날 수 있다. 이 중 하얀색 건물의 '빌라집'에 서울 도시재생 사회적협동조합이 자리를 잡고 있다. 서울역 일대의 도시재생을 이끌고 있는 조합의 이종필 이사장은 도시재생기업의 본질에 대해 치열하게 사유하고 탐구하며 언제나 한 발짝 이후를 내다보고 있다.

도시재생기업의 효용을 가장 앞서 고민하다

2017년, 서울역 일대 도시재생지원센터에서는 세 명의 코디네이터가 주축이 되어 도시재생기업 준비팀을 만들었다. 도시재생기업이라는 개념이 지금보다 낯설 때 이들이 제일 먼저 찾은 것은 주민이었다.

"도시재생기업이 뭔지 아무도 모르는 상황에서 저희가 찾아낸 설명은 '도시재생지원센터 이후를 준비하는 것'이었어요. 서울역 일대 주민들이 도시재생지원센터의 효용에 대해서는 많이들 공감하고 있었거든요. 주민들을 찾아가 소소한 이야기를 나눌 수 있는 '살가운 행정'을 반긴 분들이 많았죠. 그러다 보니 센터가 없어지는 걸 아쉬워하셨어요. 센터가 계속 있을 수 없으니 같이 협동조합을 만들어 이후를 준비하자고 했더니 흔쾌히 응해준 주민들이 있었어요."

서계동, 회현동, 중림동을 포괄하는 서울역 일대 도시재생사업은 다른 사업지에 비해 광범위하다. 각자의 특징을 가진 지역이지만 적극적으로 나서준 주민이 많았던 이유는 하나다. 대를 이어 한곳에 살며 지역에 뿌리를 두고 정을 붙인 주민이 많은 곳이기 때문이다.

"회현동과 중림동은 3대가 사는 가구도 많아요. 그만

큼 오래 거주한 토박이가 많은 동네예요. 그래서 젠트리피케이션이 일어나지 않고, 안정성을 지니고 있죠. 전반적으로 주민들의 동네에 대한 애착이 크다 보니 주민 역량도 쉽게 올라가고 적극적인 분들이 등장하는 경우도 많습니다."

한편 '빌라집', '계단집' 등이 위치한 서계동은 조금 다른 독특한 성격을 띤다. 입지가 워낙 좋은 터라 꺼지지 않는 재개발 이슈로 약 15년 동안 몸살을 앓고 있다. 그렇다 보니 낙후된 저층 주거지임에도 불구하고 부동산 매매가는 평당 2500만 원부터 1억 원을 호가한다.

서울 도시재생 사회적협동조합 이종필 이사장

"재개발 논의가 계속 들끓는 와중에 재생이 개발의 반대라고 생각하시는 분들이 있다 보니 좋은 재생사업계획들이 있었는데 진행하지 못한 경우가 많아 아쉽죠."

그러나 이 이사장은 세 개 동의 각기 다른 성격이 서로를 견제하기보다는 상호 균형을 맞춰 시너지가 나는 측면이 있다고 말한다. 하나의 '내 동네'만을 다루는 것이 아니라 '서울역 일대'라는 지역 전체를 포괄할 수 있다는 것이 큰 장점이다.

2021년 사업 목표는 수익률 15%

그렇다면 서울 도시재생 사회적협동조합이 이 견고하지만 특수한 지역에서 최우선으로 두고 있는 문제는 무엇일까?

"도시의 문제는 장기적으로 공간의 문제가 될 겁니다. 코로나19 사태 때문에 가장 먼저 타격을 받은 곳 중 하나도 호텔이나 에어비앤비잖아요? 공간 문제를 해결하는 것이 곧 도시에 활력을 불어넣는 일로 직결될 수밖에 없어요."

2019년 1월 총회를 통해 출범한 서울 도시재생 사회적협동조합의 첫 번째 과제 역시 도시재생사업으로 조성된 거점 시설의 운영·관리였다. 복합문화공간 '중림창고'와 카페 '계단집', 마을관리사무소 '빌라집' 등 위탁과 운영을 맡은 공공공간은 8곳.

"19년 11월 28일에 거점 공간들을 정식으로 열었는데, 20년 2월부터 코로나 국면이 시작돼서 사실 1년을 그냥 보냈어요. 그래서 21년이 거점 공간을 정상적으로 운영하는 원년이라고 생각하면서 '코로나19라는 특이점'이 생긴 시대의 공공공간 운영은 어때야 하는지 고민하기 시작했습니다. 예를 들어 '은행나무집'의 경우 1인 오피스로 임대를 해요. 코로나19 시대에 일할 곳이 필요한 사람들, 공간 문제를 가진 사람들에게 필요한 공간으로 쓰일 수 있게 하는 실험을 해보는 거죠."

이런 대관과 공간 운영은 서울 도시재생 사회적협동조합 수익의 큰 부분을 차지한다. 2021년 사업 목표를 '수익률 15%'로 잡고 공간과 관련해서는 '4070'이라는 목표를 세웠다. 위탁받은 공간은 자립도 40%, 거점 공간은 70%를 이루는 것이다. 또 하나의 큰 수익 모델은 마을관리다.

"생협에서 조합원이 돈을 내고 믿을 수 있는 식재료를 살 수 있듯이, 저희는 주택관리 협동조합을 만들려고 해요. 가입비 2만 원을 내면 집에 대한 기본적인 관리를 해주고 다양한 서비스도 회원가로 제공하는 거죠. 그걸 한 50호 정도 모집하고 집수리 사업을 10건 정도 할 계획이에요."

결국 도시재생기업은 도시의 물리적 환경이나 공간을 다루는 비즈니스를 해야 한다는 게 이종필 이사장의 지론이다. 이견이 있을 수 있지만 공공공간 운영, 마을관리사업, 도시

'계단집'에서 열렸던 주민 바리스타와 함께하는 드립 체험

재생활성화계획 관련 사업, 이 세 가지는 반드시 해야 한다
는 것이 그의 생각.

"일반적인 지역 커뮤니티 기반의 기업과는 다른, 도
시재생사업 전반을 쭉 거쳐온 기업을 도시재생기업으
로 육성해야 해요. 도시재생기업은 도시재생사업 과정
을 통해 손으로 파낸 옥토에 씨 하나 뿌려 겨우겨우 키
워내는 나무와 같아요. 다른 곳에 있던 나무를 가져다
심는다고 되는 일이 아니에요."

이렇게 잘라 말하면서도 그는 기꺼이 자신의 경험을 나누
고자 한다.

"새로 도시재생기업을 해보고 싶다는 사람이 있으면
얼마든지 이야기해줄 수 있어요. 저희의 경험이기는 하
지만 분명히 보편적인 내용이 있거든요. 그걸 공유하
고 싶습니다."

도시재생기업 역할은 주민과 협력하고 주민에게 방향을 주는 것

조합원은 80명. 이 중 주민이 70%다. 29명 직원에서 11명
이 주민, 이사 10명에서 7명이 주민인 조합에서 이종필 이
사장은 여전히 주민과 함께하는 방식을 끊임없이 고민한다.

그는 도시재생기업이 전적으로 주민 주도가 되어서는 안 된다고 잘라 말한다.

"주민들과 협력하고 방향을 안내해주는 게 중요해요. 무조건 주민들이 알아서 해야 한다고 하면 큰일나요. 실제로 주민끼리 갈등이 생겼을 때 저희가 절충하고 조율하고 감당하는 역할을 하기 때문에 공동체가 지켜지는 거예요. 그렇다고 기획자들이 너무 자기 완결적인 비전만 가지고 실행하면 또 실패하게 돼 있죠. 주민들을 어떻게 육성할지, 어느 지점에서 주민들이 등장할지에 대한 고민이 필요합니다."

CRC 추가사업 발굴을 위한 주민 의견수렴 워크숍

실제로 5년 안에 조합을 만들어 독립하는 것을 목표로 하고 있는 카페 '계단집'에서는 운영이 아닌 경영을 하고 책임과 권한을 동시에 맡을 수 있는 주민들을 육성하고 있다. '사랑채'와 '감나무집'을 성공적으로 관리한 주민 공간 매니저들을 각각 회현동과 서계동 공간 매니저로 채용하였다.

"주민, 직원, 조합원이 헤어지고 갈등을 일으키기도 하면서 옥석이 가려지기도 해요. 결국 기반이 있고 안정성이 있으니까 저희가 잘 버티고 있다고 생각해요. 잡음이 생기는 일도 많지만 주민들, 이사님들의 신뢰가 있기 때문에 도와달라고 하고 손 내밀면서 서로 지지해주는 거죠."

서울 도시재생 사회적협동조합은 출범 이후 얻은 깨달음으로 조직도 개편하고 새로운 비전도 수립하였다. 이들이 정한 새로운 비전은 '찾고 싶은 공간, 살고 싶은 동네, 함께 움직이는 따뜻한 도시'. 이종필 이사장과 서울 도시재생 사회적협동조합의 살가운 진심이 슬로건 하나에 고스란히 담겨 있다.

암사 도시재생 사회적협동조합

　암사 도시재생 사회적협동조합이 주도하는 암사동 주민
공동이용시설 상상나루來(이하 상상나루래)가 운영을 재개했
다. 간편한 온라인 대관 시스템, 지역주민의 재능을 활용하
는 참신한 교육 프로그램, 주민이 기획하는 플리마켓 등 이
곳에선 주민의 상상이 바로 현실이 된다.

　암행어사. 강동구 암사동 주민공동이용시설 상상나루래
에서 한 달에 한 번 열리는 플리마켓의 이름이다. '암'사동에

암사 앵커 시설인 상상나루래와 암사 도시재생 사회적협동조합

서 '행'복을 만들려 '어'울리는 '사'람들이라는 의미. 상상나루래를 운영하는 암사 도시재생 사회적협동조합의 조합원이자 지역에서 디저트를 판매하는 꽃집 '감성공간'을 운영하는 조미혜 씨의 아이디어다.

> "정말 이름대로 가는 것 같아요. 축제 기획단과 행사를 기획하고, 플리마켓에서 이웃 주민들과 복닥복닥 모여서 정을 나누는 일이 얼마나 행복한지 몰라요."

조미혜 씨는 상상나루래를 통해 동네에서 아는 이웃이 하나둘 늘어가는 것 자체가 행복이라고 말한다.

매달 열리는 '암행어사 플리마켓'처럼 지하 1층, 지상 4층 규모의 상상나루래의 공간 이름은 저마다 특색이 뚜렷하다. '해피박스(지하 1층 다목적 문화공간)', '상상나루 카페(1층 카페 겸 전시장)', '상상나루래 키움센터(2층 키움센터)', '암사공작소(3층 공방 겸 일자리 교실)', '달그락(4층 공유부엌)', '동그라미(4층 회의실 겸 업무공간)'. 공간의 용도와 이름, 운영 규칙 모두 조합원과 주민이 모여 직접 결정했다고. 각 공간에서 진행되는 교육 프로그램은 암사동 지역주민은 물론 누구나 참여할 수 있으며, 네이버 예약*을 통해 대관도 할 수 있다.

---

* booking.naver.com/booking/10/bizes/469100

지역주민이 직접 운영하는 공간

"단순히 지역주민이 공간을 이용하는 데 그치지 않고, 운영에 직접 참여할 수 있는 방법을 고민했습니다."

상상나루래 운영을 맡은 암사 도시재생 사회적협동조합 윤호준 사무국장의 말이다. 2020년 12월, 지역관리형 서울 도시재생기업으로 선정된 암사 도시재생 사회적협동조합은 코로나19 사태로 한동안 문을 닫았던 상상나루래의 운영을 재개하고 공간별로 따로 있던 운영 주체를 하나로 통합하여

암사 상상나루래는 오래된 상가 건물을 리모델링하여 2018년 12월 개관

주민과 함께 차근차근 공간 운영체계를 만들어왔다.

암사 도시재생 사회적협동조합은 암사 지역에서 활동하는 법인 조합원과 상상나루래 공간을 대관해 교육 프로그램을 진행하는 강사 조합원, 누구나 가입할 수 있는 개인 조합원 등으로 구성되어 있다. 22명의 조합원 중 암사동 주민은 18명. 윤호준 사무국장은 지금은 조합원의 숫자를 늘리는 것보다 협동조합의 기반을 다지는 일이 더욱 중요한 단계라고 이야기한다.

> "상상나루래 운영을 잘하는 게 우선입니다. 상상나루래 운영을 기반으로 지역사회와의 접점을 늘리고, 사업 영역을 넓히면 조합원은 자연스럽게 늘어나겠죠."

1층 카페에선 커피, 음료와 함께 지역 작가들의 작품과 수공예품을 전시, 판매하고 있다. 대관은 앞서 소개한 네이버 예약 시스템을 통해 진행되는데, 코로나19로 오히려 대관 활성화에 더 도움이 되고 있다.

> "대관 프로그램을 중단하거나 축소한 대부분의 공공기관과 달리 상상나루래는 정상적으로 운영하고 있습니다. 밤 10시까지 대관할 수 있고, 주말과 공휴일에도 운영하는 등 대관하는 분들의 편의를 최대한 보장하고 있지요."

PART 3

제2장 서울 도시재생기업의 사례　181

모이면 커지는 행복

4층 공유부엌 '달그락'에서 매주 월요일 7세부터 10세 어린이를 대상으로 '아동 요리' 프로그램을 운영하는 조미혜 강사는 암사 도시재생 사회적협동조합에서 이사장을 맡고 있다. 협동조합 설립 전부터 상상나루래의 공유부엌 공간을 맡아 운영해온 그는 세 아이의 엄마이기도 하다.

"결혼하고 서울로 올라와서 지난 19년간 암사동에서 살았어요. 같은 반 학부모 외에는 이웃을 아무도 몰랐죠. 직장을 그만둔 후에 구민센터 등에서 교육 프로그램을 들으며 동네 사람들을 만나면서 그동안 내가 너무 무심하게 우리 가족만 생각하고 살았다는 사실을 알게 되었어요."

암사 도시재생 사회적협동조합 윤호준 사무국장(좌)
공유부엌 '달그락'을 운영하는 암사 도시재생 사회적협동조합 조미혜 이사장(왼쪽)과 암행어사 축제 기획단의 정선임 씨(우)

상상나루래가 자리한 암사1동은 젊은 맞벌이 부부와 독거노인의 비율이 모두 높지만 어린이와 노인이 갈 만한 돌봄시설은 부족하다. 조미혜 강사는 이런 상황에서 상상나루래의 역할이 정말 크다고 이야기한다.

"아동 요리 프로그램은 저희 아이들과 함께하려는 목적도 있었지만, 엄마들이 아이를 맡겨 놓고 장을 보거나 여유 있게 커피 한 잔 마실 수 있는 시간을 주고 싶어서 만들었어요. 반응이 좋아 성인 요리 프로그램으로 확장할 예정입니다."

2021년 여름 시작한 아동 대상 그림책 그리기 프로그램은 암사 도시재생 사회적협동조합의 야심작이다. 지역주민 강

암사 상상나루래 1층 카페에서 열린 제6회 암행어사 플리마켓

사가 아이들과 함께 선사시대 유적지가 있는 암사동과 강동구의 문화유산, 공유 도시 등을 주제로 네 권의 그림책을 만들고 1층 카페에서 판매할 계획이다. 이처럼 재능 있는 지역주민을 발굴해 교육 프로그램을 점차 늘려나갈 예정이라고. 운영과 관련된 정보는 협동조합 홈페이지*를 통해 확인 가능하다.

더 새로운 꿈을 꾸는 서울 도시재생기업

상상나루래 1층 카페에서는 유모차에 아이를 태우고 와

상상나루래를 기반으로 펼칠 사업들은 환경보호와 소수자 배려 등
지속가능한 미래 가치를 고려할 계획

* amsacrc.org

서 이웃과 함께 차 한 잔의 여유를 즐기는 주민들이 많았다. 널찍한 카페는 테이블 간격도 충분해 유모차를 대놓기에도, 앉아 있기 지루해진 아이들이 구석구석 구경 다니기에도 전혀 불편함이 없었다.

"주민들이 이곳에 가장 만족하는 부분은 사는 곳과 가깝다는 사실일 겁니다. 편한 차림으로 와서 커피 한 잔 마시고 가기에도 좋고, 유모차에 아이를 데려와도 조금도 눈치 보이지 않는 공간이지요. 앞으로는 유모차와 휠체어가 더 편하게 출입할 수 있도록 경사로를 설치할 계획입니다."

매달 암행어사 플리마켓이 열리는 곳 역시 이곳 1층 카페다. 윤호준 사무국장은 카페뿐만 아니라 상상나루래 공간 전체를 근처 주민이 편하게 이용할 수 있는 다양한 서비스를 제공하는 공간으로 만들고 있다.

"동네에 아는 사람 늘어나는 것만으로도 사는 게 행복해지죠. 상상나루래가 이웃을 만날 수 있는 공간이 된다면 좋겠습니다."

그의 목소리가 여름 햇살처럼 밝고 뜨거웠다.

마을닥터, 우리 동네를 부탁해

서울로 마을닥터 목공 협동조합

목공 장인에서 전기통신 전문가, 용접 전문가, 헬스트레이너까지. 조합원 여덟 명이 보유한 자격증만 스무 개가 넘는다. 37세부터 73세까지 다양한 세대와 출신 배경을 지닌 전문가들이 모여 결성한 서울로 마을닥터 목공 협동조합은 지속가능한 방식으로 서울로 일대 주거환경과 도시경관을 개선하는 해결사가 되기를 꿈꾸는 서울 도시재생기업이다.

서울로 마을닥터 목공 협동조합 조합원들

마을닥터라는 이름이 독특하다

치열한 토론 끝에 만들어진 이름이다(웃음). 집수리와 목
공에 관련된 것이라면 뭐든지 해결할 수 있는 사람들이라는
의미로 '마을닥터'라는 이름을 떠올렸다. 우리가 생각하는
가치를 최대한 담아보려 노력했다.

어떤 문제를 해결하기 위해 협동조합을 설립했나?

사람들 대부분이 서울역 일대를 화려한 빌딩 숲과 테이크
아웃 커피잔을 들고 거니는 회사원 등 도회적인 풍경으로만
알고 있을 것이다. 그러나 도심임에도 불구하고 서울역 일대
주거지 비율이 66.7%나 된다. 집수리 봉사단으로 현장에 가
보면 정화조도 없는 집이 많았다. 구멍 뚫린 시멘트 벽돌이
그대로 벽인 집도 있었다. 조금 과장해 여름에는 쪄 죽지 않
으면, 겨울에는 얼어 죽지 않으면 다행인 환경이었다. 지역
의 열악한 주거환경을 개선하려는 마음이 가장 컸다.

조합원이 지닌 자격증을 다 모으면 20개가 넘는다고 들었다. 어떻게 모이게 됐나?

서울로 일대 도시재생지원센터 집수리학교 수료자들이
모여 지역에서 봉사단으로 활동하다 협동조합을 결성하기
에 이르렀다. 지난 4년간 집수리학교에서 교육을 받은 지역
주민이 100명이 넘는데, 그중 전기와 용접, 목공 등 인접 분
야 전문가들이 많았다. 그들의 기술을 지역을 위해 활용할

방법을 고민하다 집수리 봉사단을 만들어 활동하면 지역의 낙후된 주거환경을 개선하는 데 도움이 될 거라 생각했다. 그렇게 모인 분들이 70명이 넘었다. 도시재생 활성화사업이 종료된 후 앞으로의 일을 고민할 때 봉사단원(현재 마을닥터 조합원 소완섭 이사)이 운영하던 목공방이 코로나19로 사정이 어려워져 폐업하게 됐다. 그 공간을 작업실 삼아 조합원 여덟 명이 출자해 협동조합을 만들었다. 작년 9월, 이 공간의 1년 임대료를 출자금 삼아 조합을 설립했다.

조합 출자금으로 임대료를 감당할 수 있는 1주년이 곧 다가온다. 협동조합 운영은 어떻게 하고 있나?

목공방이라는 장소를 적극 활용중이다. 미국 영화나 드라마에서는 사람들이 목공 도구만 있으면 차고에서 뭔가를 뚝딱뚝딱 만드는 모습을 쉽게 볼 수 있지 않나. 서울에서는 쉽지 않은 일이다. 뭔가 만들고 싶은 사람들에게 일정 비용을 받고 대관해서 도구와 장소를 사용할 수 있도록 준비 중이다. 간단한 나무 도마 등 목공 소품 만드는 방법을 가르치고, 직접 만든 물건을 가져갈 수 있도록 하는 교육 프로그램과 조합원들이 만든 소품을 인터넷에서 판매하는 계획도 갖고 있다. 많은 사람이 사용하고 이곳이 알려지면 가구 제작 등 프로젝트들이 자연스럽게 커지지 않을까 한다.

서울로 마을닥터 목공 협동조합은 집수리 교육 프로그램과
작업공간 대관사업을 진행할 계획

집수리 분야에서는 어떤 계획을 갖고 있나?

SH 중부주거복지센터와 업무협약을 맺고 도배부터 지붕 교체까지 크고 작은 집수리 일을 의뢰받고 있다. 용산구에서 운영하는 '돌봄 SOS' 서비스에도 등록되어 있다. 바우처를 통해 어르신들의 생활에 필요한 각종 서비스를 제공하는 일인데, 큰 수익이 나지는 않지만 보람 있는 일이다. 보다 전문적인 서비스를 제공하기 위해 조합원들이 인테리어와 건축 관련 자격증을 추가로 취득하고 있고, 매주 한 번씩 모여 목공 역량 강화 교육도 하고 있다.

서울로 마을닥터 목공 협동조합의 모체인 집수리 봉사단이
노후 주택 지붕을 아연강판으로 교체 중

협동조합에서 진행한 일 중 가장 기억에 남는 것은 무엇인가?

용산구 돌봄 SOS 현장에서의 일이다. 할머니 혼자 계시는 집이었는데, 다른 일로 요청받고 갔더니 하수구가 막혀 식사도 못 하고 계시더라. 전문 업체를 부르면 30~40만 원은 족히 들 것 같아 장비도 없이 일단 달려들었는데, 결국 뚫어드리고 바우처로 5만 원을 받았다(웃음). 그 일이 있고 조합원 집에 있던 하수구 뚫는 장비를 사무실에 챙겨 놓았다. 농담처럼 이야기했지만, 이렇게 우리가 할 수 있는 일의 영역을 넓혀가는 것도 중요한 일이라고 생각한다.

SH 임대주택 입주자들에게 기초 목공 교육을 실시하는 소완섭 이사

'마을닥터'라는 이름을 널리 알리는 일이 중요할 것 같다. 홍보는 어떻게 하고 있나?

대관을 활성화하려면 일단 목공방 공간을 아름답게 꾸미는 일이 먼저라고 생각한다. 내벽을 OBS 합판으로 처리해 목공방 분위기를 내고, 전면부를 폴딩 도어를 달아 열린 공간으로 만들려 한다. 인스타그램과 페이스북, 유튜브 등으로 SNS 홍보 활동도 하고 있지만, 이 공간에 온 사람들이 직접 촬영해서 SNS에 올릴 만큼 근사하게 꾸미고 싶다. 앞에서도 말했지만, 공사를 완료하고 리모델링이 끝나면 본격적으로 대관과 교육 프로그램을 운영할 계획이다.

서울로 마을닥터 목공 협동조합이 지역 행정단체들과 맺은 업무 협약서와
협동조합의 모체인 집수리 봉사단이 받은 서울공동체상 트로피

**지난 해 서울 도시재생기업 지원사업에 선정되었다.
사업비 지원 외에 선정되어 좋은 점은 무엇인가?**

서울 도시재생기업이라는 개념 자체가 없었다면 협동조합을 시작하기 어려웠을 것이다. 우리의 미래를 보고 지원을 결정해주었다는 생각에 우리 모두 고마운 마음이다. 선정된 후 참여할 수 있는 외부 지원사업을 센터로부터 주기적으로 자세하게 안내받고 있는데, 큰 도움이 되고 있다. 최근 이 정보를 통해 60세 이상 고령 인력의 임금 절반을 지원받는 사업도 신청했다. 공방 리모델링 후에 상주 인력이 생긴다면 조합원들은 교육과 가구 제작, 외부 집수리에 집중할 수 있을 것이다. 이 외에도 세무, 회계, 법률, 노무, 행정 등 부분별 전문가를 지원해주는 프로그램이 있어 자립과 성장에 필요한 지원을 받을 수 있다는 점이 좋다.

계획대로 협동조합이 활성화되면 지역에 어떻게 기여할 계획인가?

앞서 이야기한 것처럼 더 이상 열악한 주거환경에서 사는 사람들이 없도록 돕고 싶다. 동네 일자리도 많이 만들려 한다. 정년 이후 60대 이상 어르신들과 함께할 수 있는 일이 많이 있을 것 같다. 무엇보다 조합을 잘 키워서 도시재생기업도 비즈니스로 성공할 수 있다는 모범사례가 되고 싶다.

서울로 마을닥터 협동조합의 앞으로의 비전을 말해 달라

시간이 필요한 일이라는 걸 알고 있지만 원칙을 고수하며 한 발 한 발 움직일 것이다. 친환경 목재로 가구와 소품을 제작하고, 탄소중립을 실현하기 위해 주택 에너지 진단을 실시하고, 탄소 배출을 줄이는 방향으로 주택의 에너지 효율을 높일 것이다. 지분이 얼마든 조합원은 모두 1인 1표를 가지는 민주적 운영 방식을 지켜나갈 것이다.

서울로 마을닥터 목공 협동조합 안태홍 이사장

도시재생, 새로운 도약이 필요하다

바야흐로 도시재생의 전성시대다. 2017년 출범한 현 정부는 쇠퇴지역 문제를 해결하기 위해 과감히 도시재생 뉴딜을 도입하며 매년 10조씩 5년간 50조의 예산을 투입한다고 호언장담하였다. 이러한 흐름에 맞춰 매년 공모사업이 추진되며 전국 곳곳에서 도시재생에 주목하고 있다. 특히 2017년 출범한 현 정부는 기존과 다르게 도시재생이라는 단어에 뉴딜이라는 의미를 접목시켜 일자리 창출을 위한 주요한 목적으로 삼고 있다.

그렇다면 도시재생을 통해 얼마만큼의 일자리가 창출되고 지역경제가 활성화되었을까? 지역에 따라 상황이 다르겠지만, 아쉽게도 가시적인 효과라고 내세울 만한 사례는 많지 않은 것이 현실이다. 하지만 도시재생은 우리가 지금까지 말로만 하던 '사람' 중심의 도시정책이 일상화되었다는 점에서 의미를 가진다.

도시재생활성화계획 수립단계, 사업시행, 사업완료 후 가장 중요한 이슈는 '사람'이 어떠한 역할을 하고 앞으로 무엇을 할지라는 점은 부정할 수 없다. 이러한 관점에서 도시재생의 스케일을 키우기 위해 다시 한 번 '사람'의 이야기로 돌아가는 것은 선택이 아닌 필수다.

도시재생은 하늘에서 뚝 떨어진 외계 생명체가 아니다. 오랜 기간 성장과 쇠퇴를 경험하며 현재에 도달한 도시들이 과거와 같은 영광을 다시 찾기 위해 지역주민들과 함께 만들어가는 과정이다. 도시는 주변 지역과의 다양한 관계를 기반으로 성장하기도 하고 쇠퇴하기도 한다. 성장하기만 한다면 두말할 필요 없겠지만, 우리나라의 대부분 도시들이 쇠퇴단계에 직면하며 도시재생이 필요한 시점이 되었다.

도시재생활성화계획에 포함된 사업을 예산비중으로 분류하면 여전히 하드웨어 사업이 많은 부분을 차지하고 있지만, 과거와 다른 점은 공간을 어떻게 채울지 관 주도가 아닌 지역주체와 함께한다는 점이다. 공간을 구성할 때부터 지역의 다양한 주체가 참여하여 꾸미고 만들어가고 있다. 예산비중만으로 여전히 하드웨어 사업에 집중하고 있다는 비판도 있지만, 도시정책에서 이렇게 다양한 주체들이 참여한 적이 전무후무하다는 면에서 도시재생은 충분한 가치가 있다. 이제 그들이 주인공이 되어 새로운 도시재생을 만들어가야 할 시점이 되었다.

이제 도시재생은 새로운 도약이 필요하다. 멀리는 2007년 도시재생 R&D 국책과제에서 시작된 도시재생이 우리나라 특유의 '빨리빨리'의 정서상 해외 어느 나라보다 빨리 자리를 잡았다고 볼 수 있다. 물론 도시재생도 여타 도시정책과 같이 밝은 면과 어두운 면을 함께 가지는 양면성을 가지고 있다. 어두운 면이 밝은 면을 덮지 않도록 하려면 어떻게 해야 할까?

짧은 기간 동안 만들어진 다양한 지역주체가 주인공이 되어 새로운 모습을 만들어가야 한다. 즉, 도시재생의 지속가능성을 담보하기 위하여 도시재생 비즈니스 모델이 만들어져야 한다. 여기서 이야기한 모델과 사례가 도시재생의 전부라 볼 수 없고, 이 또한 하나의 제안일 뿐이다. 하지만 이러한 작은 제안이 나비효과가 되어 지역 곳곳이 과거와 같은 수준으로 완벽하게 회복될 수는 없겠지만, 앞으로도 행복한 지역으로 이어지길 희망한다.

대표저자 윤병훈

지역경제를 살리는
12단계 창업 프로세스
지역경제조직 워크북

김지영 지음
134쪽
17,000원

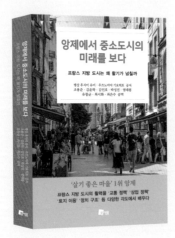

프랑스 지방 도시는
왜 활기가 넘칠까
**앙제에서 중소도시의
미래를 보다**

뱅상 후지이 유미 외 공저
조용준 외 공역
330쪽
15,000원

도시의 가치를 높이는
지역 매니지먼트

고바야시 시게노리 외 공저
이삼수 외 공역
252쪽
18,000원

도시재생, 현장에서
답을 찾다

황희연 외 공저
262쪽
28,000원

유후인의 마을 브랜딩 전략
온천마을에서
마을경영을 배우다

오사와 다케시 공저
김홍기 역
317쪽
15,000원

지역×크리에이티브×일자리
마을이 일자리를 디자인하다

하토리 시게키 외 편저
김홍기 역
230쪽
15,000원

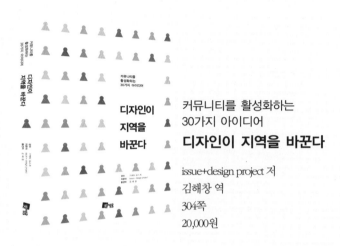

커뮤니티를 활성화하는
30가지 아이디어
디자인이 지역을 바꾼다

issue+design project 저
김해창 역
304쪽
20,000원

마을만들기 지도자가 갖추어야 할
세 가지 핵심능력
마을만들기 지도자 핸드북

제임스 크릴에 외 공저
고순철 역
280쪽
17,000원